ÉLÉMENTS

DE

GRAMMAIRE FRANÇAISE.

TROISIÈME PARTIE.

DE L'ORTHOGRAPHE.

L'ORTHOGRAPHE est l'art d'écrire les mots correctement, c'est-à-dire conformément au bon usage.

Je ne crois pas devoir séparer la prononciation de l'orthographe, attendu que l'une a souvent besoin du secours de l'autre.

CHAPITRE PREMIER.

DES SIGNES ORTHOGRAPHIQUES.

Les signes orthographiques sont : les *Accents*, l'*Apostrophe*, la *Cédille*, le *Tréma*, le *Trait d'union*, le *Trait de séparation*, la *Parenthèse* et les signes de *Ponctuation*.

DE L'ACCENTUATION.

L'E est

ou *muet*, comme dans *tombE*, *rElirE* ;
ou *fermé*, comme dans *sÉvÉritÉ*, *rÉgÉnÉrÉ* ;
ou *ouvert* (plus ou moins long), comme dans *succÈs*, *zÈle*, *pÈre* ;
ou *très ouvert* long, comme dans *fÊte* (1).

(1) *Voyez* à la page ci-contre la liste des mots qui réclament l'accent circonflexe.

PREMIÈRE RÈGLE. L'E terminant une syllabe, peut recevoir un accent : *TÉMÉRITÉ, modÈle, tÊte.*

Liste des principaux mots qui réclament l'accent circonflexe.

Â	âcre (adj.).	bâtir.	dégât.	hâvre.	pâtir.	*Et tous les mots en ÂTRE :* albâtre.
	âge.	bâton.	embráser.	infâme.	râle.	marâtre.
	âme.	blâme.	fâcher.	lâche.	râpe.	pâtre.
	âne.	câble.	gâche.	lâcher.	râteau.	plâtre.
	appât (amorce).	câpre.	gâcheux.	mâcher.	relâche.	théâtre.
	âpre.	châtaigne.	gâteau.	mâle.	tâche (besogne).	acariâtre.
	âs.	château.	gâter.	mât (de vaisseau).	tâcher.	douçâtre.
	bâiller (ouvrir la bouche).	châtier.	grâce.	mâtin (chien).	tâter, etc. etc.	verdâtre, etc. etc. etc.
		crâne.	hâle.	pâle.		(*quatre* et *battre* exceptés.)
	bât.	débâcle.	hâte.	pâte (farine délayée).		
Ê	alêne (de cordonnier).	champêtre.	être, peut-être, bien-être, etc.	grêle.	pêne (de serrurier).	rêve.
	ancêtres (les).	chêne (arbre).		guêpe.	poêle (drap mortu*e*.)	salpêtre.
	apprêt.	conquête.	évêque, archevêque.	guêtre.	prêcher.	suprême.
	arêne.	crêche.	extrême.	hêtre (arbre).	prêt.	système.
	arête (de poisson).	crême.	fenêtre.	honnête.	prêter.	tempête.
	arrêt.	crêpe.	fêler.	intérêt.	prêtre.	tête.
	baptême.	crête.	fête.	mêler.	problême.	vêpres (les).
	bêcher.	dépêche.	forêt.	même.	protêt.	vêler.
	bêler.	diadême.	frêle.	pêche (fruit.)	quête (enquête).	vêtir.
	benêt.	emblême.	frêne.	pêcher (du poisson).	rênes (d'un cheval).	
	bête.	empêcher.	gêne.	pêle-mêle.	revêche.	
Î	aîné, puîné.	dîner.	goître.	toît.	croître,	et dans tous les temps de ces verbes, où l'I est suivi d'un T : ils croîtront.
	boîte.	épître.	haîne.	traîner.	naître,	il naîtra.
	chaîne, enchaîner.	faîte (sommet).	île, presqu'île.	traître.	connaître,	il connaîtra.
	cloître.	fraîcheur, rafraîchir.	maître.	vîte.	paître,	il paraît.
	dîme.	gîte.	surcroît.		paraître, *et* il plaît,	
Ô	ankilôse.	côte, côté.	hôtel.	pôle.	tôme.	plutôt.
	apôtre.	dépôt.	idiôme.	Rhône.	symptôme.	tantôt.
	aumône.	dôme.	impôt.	rôder.	atôme.	trône.
	axiôme.	drôle.	maltôte.	rôle.	fantôme.	zône.
	cône.	entrepôt.	môle.	rôt, rôti.	tôt.	nivôse.
	contrôle.	hôpital.	le nôtre, le vôtre.	Saône (rivière).	aussitôt.	pluviôse.
	clôture.	hôte.	ôter.	suppôt.	bientôt.	ventôse.
Û	août.	bûche.	croûte.	goût, dégoûter, ragoût).	mûr, mûre (adj.).	sûr (certain).
	affût (se mettre à l').	embûche.	déjeûner, jeûne (abstinence).		mûre (fruit).	voûte, etc. etc.
		chûte.		joûte.	piqûre.	
	brûler.	coûter.	flûte.	moût.	soûl.	

REMARQUE. Tous les dérivés de ces mots réclament également l'accent circonflexe : *âcreté*, *blâmer*, *arrêter*, se *gîter*, *contrôler*, *goûter*, etc. etc. Exceptez en seulement *extrémité*, *gracieux*, *mélange*, *suprématie*, *infamie*.

On marque encore d'un accent circonflexe,

1°. Les noms en *îment*, *oûment* et *ûment* qui viennent des verbes, tels que *remercîment* de *remercier*, *enroûment* d'*enrouer*, *dénûment* de *dénuer*.

2°. La première et la seconde personne plurielle du passé-défini de tous les verbes : nous *chantâmes*, vous *chantâtes* ; nous *finîmes*, vous *finîtes* ; nous *dûmes*, vous *dûtes* ; nous *vînmes*, vous *vîntes* ; nous *eûmes*, vous *eûtes* ; nous *fûmes*, vous *fûtes*.

3°. La troisième personne du singulier de l'imparfait du subjonctif :

Je voudrais qu'il { *eût* raison. / *fût* victorieux. / *chantât*. / *prît* une résolution. / *reçût* ma lettre. / *vînt*. }

4°. La troisième personne du singulier du conditionnel-passé formé par j'*eusse* (si l'on s'obstine à employer ce temps), et la troisième du plusqueparfait du subjonctif :

Il aurait ou il *eût* { eu. / été. / chanté. / fini, etc. etc. etc. }

Il aurait été à désirer qu'il *eût* { eu. / été. / chanté. / fini. / dû, etc. etc. }

DEUXIÈME RÈGLE. L'*e*, suivi d'une consonne avec laquelle il fait syllabe (1), ne prend aucun accent.

Écrivez donc : *ef*-fet, *ef*-fort, *er*-reur, *es*-prit, *es*-sai, la guer-*re*, le ci*el et* la *ter*-re, un ch*ef*, un pi*ed*, mon ch*er* ami, que-*rel*-le é-*ter*-*nel*-le, m*et*-tre, cré-*er*, pr*es*-sentir, pri*er*, r*es*-p*ec*-t*er*, le n*ez*, vous m'éton-n*ez*, vous chan ti*ez*, etc. etc.

Cette règle s'applique à l'*e* suivi d'un *x*.

Écrivez donc........ *e*xemple, *e*xil, s*e*xe, réfl*e*xion,
parce qu'on prononce... *eg*-zemple, *eg*-zil, s*ec*-se, réfl*ec*-sion.

(On voit, par la décomposition du X, que c'est le G ou le C qui termine la syllabe.)

TROISIÈME RÈGLE. Quand l'E *terminant une syllabe*, est suivi d'une syllabe finale à E *muet* (renfermant un *e muet*), ce premier *e* prend l'accent grave.

Écrivez donc : Caract*è*-re, une personne ch*è*-re, une ch*è*-vre, coll*è*-gue, fi*è*-vre, ne....gu*è*-re (peu), m*è*-tre (mesure), espi*è*-gle, r*è*-gle premi*è*-re, deuxi*è*-me, r*è*-gne cél*è*-bre, rem*è*-de, main s*è*-che, sév*è*-re, ils jou-*è*-rent, cré-*è*-rent, pri-*è*-rent, etc. etc.

{Je lè-ve, tu lè-ves, il lè-ve, (nous levons, vous levez), ils lè-vent. Que je lè-ve...... ils levè-rent.
{Je mè-ne, tu mè-nes, il mè-ne, (nous menons, vous menez), ils mè-nent. Que je mè-ne.... ils menè-rent.

{Je cè-de, tu cè-des, il cè-de, (nous cédons, vous cédez), ils cè-dent. Que je cè-de..... ils cédè-rent.
{Je lè-gue, tu lè-gues, il lè-gue, (nous léguons, vous léguez), ils lè-guent. Que je lè-gue..... ils léguè-rent.

(Ajoutez y tous les adverbes provenants des adjectifs qui reçoivent l'accent grave : Premi*è*-rement, deuxi*è*-mement, s*è*-chement, sév*è*-rement, particuli*è*-rement, secr*è*-tement, etc. etc. Écrivez aussi : Je l*è*-verai, je l*è*-verais ; je m*è*-nerai, je m*è*-nerais ; je c*è*-derai, je c*è*-derais ; je l*è*-guerai, je l*è*-guerais.)

REMARQUE. L'*e* est toujours fermé avant GE : Coll*é*-ge, pi*é*-ge, il assi*é*-ge, il prot*é*-gera, etc. etc.

Plusieurs écrivent cependant, conformément à la troisième règle : Coll*è*-ge, il assi*è*-ge, etc. etc.

De quelques mots qui prennent ou rejettent certains accents.

a et *à*.

a, venant d'*avoir*, ne prend aucun accent :

Il *a* raison. Elle *a* chanté.

à, préposition, prend un accent grave :

Il est *à* Rome. J'aime *à* lire. (2)

---

(1) Exceptez en le S final qui ne met point d'obstacle à l'accent grave ou aigu : *Mes deux* PROCÈS *sont* GAGNÉS. On écrit pourtant sans accent : *Mes*, *tes*, *ces*, *ses*, *les* (article ou pronom), *des* (article), et tu *es*.

(2) *Déjà*, *holà*, *celà*, *delà*, *voilà*, réclament aussi l'accent grave.

Du et *dû*.

Du, article, ne prend aucun accent :

Les feux *du* soleil.

Dû, venant de *devoir*, prend un accent circonflexe, au masculin singulier seulement :

Payez moi ce qui m'est *dû*.

Des et *dès*.

Des, article, ne prend point d'accent ; *dès*, préposition, prend l'accent grave :

J'ai cueilli *des* fleurs *dès* le matin.

Ou et *où*.

Où, signifiant *ou bien*, ne prend pas d'accent. (Il est alors *conjonction* ou plutôt *particule alternative*.)

Tout nombre est pair *ou* impair (*ou bien* impair).
C'est lui *ou* moi (*ou bien* moi).

Où, ne signifiant pas *ou bien*, prend un accent grave. (Il est alors *adverbe* ou *pronom-relatif*.)

Où allez-vous ? D'*où* venez-vous ?
Je me plais *où* je suis.
Ciel ! que vais-je lui dire, et par où *commencer ?* (RACINE.)

La et *là*.

La, article ou pronom, ne prend jamais d'accent :

De l'un je tiens la *vie, à l'autre je* la *dois.* (VOLTAIRE.)

Là, joint à un nom, à un pronom, à une préposition ou à un verbe, prend l'accent grave :

Cet homme-*là*. Cette personne-*là*. Celui-*là*. Passez par-*là*. Allez-*là*.

Sur et *sûr*.

Sur, préposition, ne prend point d'accent ; *sûr*, adjectif (signifiant *certain*), prend un accent circonflexe :

L'éloge n'est souvent que *sur* les lèvres. (PLATON.)
Qui ne veut que la mort est sûr *de la trouver.* (VOLTAIRE.)

Tu et *tû*.

Tu, pronom personnel, ne prend aucun accent :

Tu as raison.

Tû, participe-passé du verbe *taire*, prend un accent circonflexe, comme dans le dernier de ces vers sur Cinq-Marc et de Thou :

Leur cas n'avait rien de semblable ;
Ils eurent pourtant le même sort :
Pour ce qu'il avait dit, l'un fut jugé coupable,
Pour ce qu'il avait tû, *l'autre reçut la mort.* (G**.)

DE L'APOSTROPHE (').

L'Apostrophe marque l'*élision*, c'est-à-dire la suppression de la voyelle dans les dix monosyllabes suivants : *Je*, *me*, *te*, *se*, *de*, *ne*, *que*, *ce*, *le* et *la* (articles ou pronoms), quand ces mots sont suivis toutefois d'une *voyelle*, d'un *h muet* ou d'un *y grec*.

EXEMPLES :

Je :	*J'aime* le dessin, *J'étudie* la grammaire, *J'ignore* ce fait, *J'oublie* vos torts, *J'use* de tout, *J'habite* la campagne et *J'y* finirai mes jours. (Au lieu de : *Je aime*, etc. *Je étudie*, etc. *Je ignore*, etc.)
Me, *te :*	*Il m'est doux de t'aimer, et je meurs en t'aimant.*
Se, *de :*	On doit *s'*occuper *d'*une manière utile.
Ne, *que :*	Un trône *n'*est *qu'*un grain de sable un peu élevé sur la terre. (THOMAS.)
Ce :	*C'est le sort d'un héros d'être persécuté.* (VOLTAIRE.)
Le, *la* (art. ou pronoms) :	*L'*ennui est fils de *l'*oisiveté. Je *l'*estime (en parlant de Louis) ; je *l'*aime (en parlant de Lisette). (1)

Si n'admet l'apostrophe qu'avant *il* et *ils*. Exemples : *S'il* vient, *s'ils* viennent.

Lorsque, *puisque*, *quoique*, perdent l'*e muet*, seulement avant *il*, *elle*, *on* et *un* et *une*. Exemples : *Lorsqu'il* le veut, *puisqu'elle* le veut, *quoiqu'on* en dise, *quelqu'un*, *quelqu'une*. (On écrit au pluriel : *Quelques-uns*, *quelques-unes* avec un trait d'union).

Hors de là, conservez l'*e muet :* QUOIQUE *épris de ses charmes, il refusa sa main.*

Jusque perd *e* avant une voyelle : *Jusqu'à* ce jour, *jusqu'ici*. (On peut dire aussi : *Jusques* à ce jour.)

Presque et *entre* ne doivent recevoir l'apostrophe que lorsqu'ils servent à composer un mot. Exemples : *Presqu'île*, *entr'acte*, *s'entr'aider*, *entr'ouvrir*, etc. etc. etc.

Dans tout autre cas, conservez l'*e muet*. Exemples : *Il a été long-temps* PRESQUE *interdit ;* ENTRE *eux*, ENTRE *elles*, ENTRE *amis*.

L'usage, cet arbitre du langage, veut que *grande* perde l'*e muet* dans ces expressions : *Grand'chère*, *grand'chose*, *grand'peur*, *grand'salle*, *grand'rue*, *grand'messe*, et quelques autres. (Il est à remarquer que cette suppression de l'*e* n'a lieu que dans le discours familier.)

---

(1) Les pronoms *le* et *la*, *placés après un impératif*, ne perdent cependant ni *e* ni *a*, avant une voyelle.

Dites donc : de Pierre : Conduisez *le* à mon appartement.
de Lisette : Traitez *la* avec douceur.

DE LA CÉDILLE (¸).

Le C est toujours dur avant *a, o, u : Ca*-binet, *co*-lère, *cu*-lte. Le propre de la cédille est d'adoucir le C avant ces trois voyelles; écrivez donc avec une *cédille* (ou C retourné) :

FAÇADE, LEÇON, nous REÇUMES,

pour éviter qu'on ne prononce comme dans ces mots :

ARCADE, FLACON, ÉCUME.

(*Voyez* au surplus le chapitre II de cette 3e. Partie.)

DU TRÉMA (¨).

Le tréma ou double-point ne se place que sur les voyelles. Toute voyelle, marquée d'un tréma, se prononce séparément de celle qui la précède. Écrivez donc :

ADELAÏDE, HAÏR, NAÏF, AÏEUL, PAÏEN, SAÜL, douleur AIGUË, AMBIGUÏTÉ, etc. etc.

Sans le tréma, on prononcerait *ai, au, ui,* comme dans :

Fille L*ai*DE, une P*ai*RE de ciseaux, NÈFLE, *ai*DE, il APP*ai*SE, S*au*LE, FATIG*ue*, un bon G*ui*DE.

Quand l'*e* peut recevoir un accent, l'emploi du tréma est abusif.
Ecrivez donc :

Poésie, poème, poète, Phaéton, Chloé, Robinson-*Crusoé*, etc. etc.

Et non pas :

Poësie, poëme, poëte, Phaëton, Chloë, Robinson-*Crusoë*.

La *faïence, Andaïe, Baïeux, Baïonne, Caïenne* et *Maïence*, noms de villes, et la *Maïenne*, rivière, réclament l'*ï* marqué d'un tréma.

Gardez vous bien d'écrire : *Envoïer, moïen ;* écrivez : *Envoyer, moyen*, car on prononce : *Envoi-ier, moi-ien.*

DU TRAIT D'UNION (-).

Le trait d'union se met entre le verbe et les pronoms personnels *sujets*, tels que *je, tu, nous, vous, il, elle, ils, elles* (1), et avant *on* et *ce*, quand ces mots sont placés après le verbe, transposition qui marque le plus souvent interrogation.

---

(1) Ecrivez sans trait d'union : Donne *le*, donne *la*, donne *les ;* parle *lui*, parle *leur ;* donne *m'en*, parle *moi*, assieds *toi ;* allez *y*, donnez *en ;* donnons *nous* la main (de *se donner ; nous* est pour *à nous*), pardonnez *vous* les uns aux autres (de *se pardonner ; vous* est pour *à vous*).

On écrirait cependant avec le trait d'union : Donnons-*nous* quelque chose à ces malheureux? / Pardonnez-*vous* à vos ennemis?

Pourquoi? parce que *nous* et *vous* sont ici *pronoms-sujets* et qu'ils ne sont pas mis pour *à nous*, *à vous ;* je demande *si* NOUS *donnons quelque chose*, etc. *si* VOUS *pardonnez à*, etc.

Ecrivez sans trait d'union : *Très méchant, très doucement*, comme on écrit *bien méchamment, fort doucement.*

Écrivez donc : Chantai-*je* bien hier? Irai-*je?* Ai-*je* tort? Suis-*je* votre ami? As-*tu* raison? Es-*tu* content? Joues-*tu?* Étudies-*tu?* Sors-*tu?* Réponds-*tu?* Entends-*tu?* Apprend-*il?* Perd-*il?* Répond-*elle?* Coud *elle?* (1)? Dort-*elle?* Dorment-*ils?* Dormaient-*elles?* Partons-*nous?* Partez-*vous?* Sort-*on?* Est-*ce* lui? Sont-*ce* eux? Étaient-*ce* elles?

PREMIÈRE REMARQUE TRÈS IMPORTANTE. Quand la troisième personne du singulier d'un temps quelconque, a pour lettre finale *une voyelle*, on glisse avant *il*, *elle*, *on*, un *t* placé entre deux traits d'union (-*t*-).

On dit sans interroger :		Mais on doit dire en interrogeant :
Il, elle, on	a raison.	A-*t*-il raison? A-*t*-elle raison? A-*t*-on raison?
	joue bien, parle de vous.	Joue-*t*-il bien? Joue-*t*-elle bien? Parle-*t*-on de vous?
	joua hier, parla de vous.	Joua-*t*-il bien hier? Joua-*t*-elle? Parla-*t*-on de vous?
	jouera demain, dira vrai, aura le temps.	Jouera-*t*-il demain? Dira-*t*-elle vrai? Aura-*t*-on le temps?
	va bien, va se promener.	Va-*t*-il bien? Va-*t*-elle bien? Va-*t*-on se promener?

Dites également d'un homme ou d'une femme : Puisse-*t*-il réussir! Puisse-*t*-elle réussir! (Pour : Je souhaite qu'il (ou qu'elle) *puisse*, etc.)

DEUXIÈME REMARQUE. L'*e muet final* d'un temps quelconque, se change en *é fermé* avant *je*.

EXEMPLES :

Marché-je droit? Me trompé-je? Chanté-je bien? (*Présent de l'indicatif.*)
Puissé-je vous être utile!

Quand la prononciation ou l'usage ne permet pas de mettre *je* après le verbe, il faut prendre un autre tour.

Au lieu de :

Cours-je? Dors-je? Perds-je? Ris-je?

Dites :

Est-ce que je cours? *Est-ce que* je dors? etc. etc. Ou : *Croyez-vous* que je coure, que je dorme, que je rie, etc.

On emploie le trait d'union *avant* et *après* CI et LÀ, sortes d'adverbes démonstratifs ou de lieu. On écrit donc : *Cet homme-ci*, *cette femme-là*, *celui-ci*, *celle-là*, *ci-dessus*, *ci-joint*, *ci-dessous*, *là-dessus*, *là-haut*, *là-bas*, *jusque-là*, *par-là*, etc.

Même se lie par un trait d'union avec le pronom qui le précède : *Lui-même*, *moi-même*, *eux-mêmes*, *nous-mêmes*.

On réunit encore par un trait d'union certains adjectifs de nombre, tels que : *Dix-sept*, *dix-huit*, etc. jusqu'à *vingt*; *vingt-un*, *vingt-deux*, *vingt-trois*, etc. jusqu'à *trente*; *trente-un*, etc. etc. etc. *quatre-vingt-un*, *quatre-vingt-deux*, etc. *cent-un*, *cent-deux*, etc. *deux cent-un*, *deux cent-deux*, etc. etc.

Enfin, l'on se sert du trait d'union pour lier deux ou plusieurs mots qui n'en font qu'un par le sens, tels que *Marc-Aurèle*, *chef-lieu*, *sous-préfet*, département de *Seine-*

(1) On sait que les verbes terminés en DRE à l'infinitif (les verbes en IN*dre* exceptés) conservent le D au singulier de l'indicatif-présent : Je pren*ds*, tu pren*ds*, il pren*d*; je mor*ds*, tu mor*ds*, il mor*d*; de *pren*DRE, *mor*DRE.

et-Oise, c'est-à-dire, département que *la Seine et l'Oise arrosent*. Voici les mots les plus usités qui réclament le trait d'union :

Abat-jour (auvent).
Anti-sociaux (des principes).
Après-demain.
L'après-dînée.
L'après-midi.
L'après-soupée.
Arc-boutant.
Arc-en-ciel.
Archi-chancelier.
Archi-prêtre, etc.
Arrière-cour.
Au-dessous.
Auto-da-fé.
Par-dessous.
Au-dessus.
Par-dessus.
Au-devant.
Avant-cour.
Avant-coureur.
Avant-dernier.
Avant-hier.
Avant-train.
Basse-cour.
Basse-taille.
Bec-figues.
Bien-aimé.
Bien-être.
Bout-rimé.
Cerf-volant.
Chasse-marée.
Chausse-pieds.
Chef-d'œuvre.
Ciel-de-lit.
Contre-coup.
Contre-marque.
Contre-ordres.
Contre-poids.
Contre-poison.
Contre-temps, etc.
Courte-pointe.
Cul-de-lampe.
Cure-dents.
Cure-oreilles.
Dame-jeanne.
Demi-heure.
Des demi-verres, etc.
Entre-deux.
S'entre-nuire.
Entre-côte.
Entre-sol.
Essuie-mains.
État-major.
Ex-maire, ex-colonel, etc.
Fer-blanc.
Garde-fou.
Garde-magasin.
Garde-manger.
Garde-robes, etc.
Hors-d'œuvre.
In-douze.
In-octavo, etc.
Les jeunes-gens.
Mal-être.
Non-seulement.
Non-usage.
Non-valeur, etc.
Nu-pieds.
Nu-tête.
Outre-passer.
Passe-droit.
Passe-port.
Passe-temps, etc.
Petit-maître.
Petit-pâté.
Porte-faix.
Porte-feuilles.
Porte-manteau.
Porte-voix, etc.
Procès-verbal.
Quartier-maître.
Quelques-uns.
Quelques-unes.
Un rendez-vous.
Rez-de-chaussée.
Le savoir-faire.
Le savoir-vivre.
Sous-entendre.
Sous-lieutenant.
Sous-bail.
Tête-à-tête.
Tire-bouchons.
Ici-bas.
Long temps.
Peut-être.
Par-tout.
Sur-tout.
Tout-à-coup.
Tout-à-fait.
Vis à-vis de, etc. etc. etc.

DU TRAIT DE SÉPARATION (—).

Le trait de séparation tient lieu de : *Il répondit*, *elle répliqua*, *ils répartirent*, etc. en un mot, il annonce que ce n'est plus le même individu qui parle. Je n'en donnerai qu'un seul exemple.

FABLE.

Sur la cime d'un arbre, un Limaçon grimpé
Fut par un Aigle aperçu d'aventure.
« Comment à ce haut poste, oubliant ta nature,
» As-tu pu t'élever, dit l'oiseau ? — J'ai rampé.... »
Combien, dans le siècle où nous sommes,
De Limaçons parmi les hommes !

Le trait de séparation tient lieu de : *Le Limaçon répondit*, mots traînants qui auraient fait languir ce petit dialogue.

DE LA PARENTHÈSE ( ).

La parenthèse n'est rien autre chose que deux crochets ( ), où l'on renferme des mots qui *interrompent* ou qui *éclaircissent* le sens d'une phrase.

EXEMPLES:

Montaigne a dit (*je n'examine pas s'il a eu raison de le dire*) : Faisons tout pour le peuple, mais ne faisons rien par le peuple.

Caton se la donna (la mort), *Socrate l'attendit.* (*Barnevelt* de LEMIERRE.)

DE LA PONCTUATION.

La ponctuation est l'art de séparer par des signes, soit dans l'écriture, soit dans l'impression, les endroits d'un discours où l'on doit s'arrêter plus ou moins long-temps.

Ces signes sont au nombre de six, savoir : la *Virgule* (,), le *Point-et-virgule* (;), le *Double-point* (:), le *Point* (.), le *Point d'interrogation* (?) et le *Point d'admiration* ou *d'exclamation* (!).

DE LA VIRGULE (,).

PREMIÈRE RÈGLE. Détachez par une virgule les noms, les adjectifs, les verbes et les adverbes qui se suivent.

EXEMPLES:

L'ambition, l'amour, l'avarice, la haîne,
Tiennent comme un forçat son esprit (de l'homme) *à la chaîne.* (BOILEAU.)

Lui seul (Voltaire) *réunit tout, la force, l'abondance,*
Le goût, le sentiment, les grâces, la gaieté. (ST.-LAMBERT.)

Le chat est souple, adroit, méfiant, hypocrite.
Va par-là, lui dit-il, reviens, détourne, arrête. (DESPRÉAUX.)
Je vous aime beaucoup, passionnément.

On voit que la virgule s'emploie pour les détails, pour l'énumération des objets; cette énumération est encore plus frappante dans ces vers de la *Henriade :*

On se mêle, on combat; l'adresse, le courage,
Le tumulte, les cris, la peur, l'aveugle rage,
La honte de céder, l'ardente soif du sang,
Le désespoir, la mort (1), *passent de rang en rang.*

Il y a aussi une sorte d'énumération dans ce qui suit; c'est pourquoi il faut faire usage de la virgule.

La fortune des riches, la gloire des héros, la majesté des rois, tout finit par *ci-gît.*
Le sage oppose la nature à la loi, la raison à l'usage, sa conscience à l'opinion, son jugement à l'erreur.
Taire un secret, oublier une injure, bien user de son loisir, ce sont trois choses très difficiles. (CHILON.)
La santé n'est qu'un nom, la vie n'est qu'un songe, la gloire n'est qu'un fantôme, les plaisirs ne sont qu'un dangereux amusement. (BOSSUET.)

(1) Il faut une virgule, même après *la mort*, parce que ce nom ne se lie pas plus que les autres noms au verbe PASSENT.

DEUXIÈME RÈGLE. Si les conjonctions *et*, *ni*, *ou*, *comme*, lient, unissent deux membres de phrase un peu étendus, placez une virgule avant chacun de ces mots; si elles lient deux mots ou deux membres de phrase très courts, point de virgule.

EXEMPLES DU PREMIER CAS:

La critique est aisée, et *l'art est difficile.* (DESTOUCHES.)
Nul n'est content de sa fortune, *ni* mécontent de son esprit. (Mme. DESHOULIÈRES.)
Tout reconnaît ses lois, ou *brigue son appui.* (BOILEAU, *portrait de Louis XIV.*)
La gloire suit la vertu, *comme* l'ombre suit le corps. (SÉNÈQUE.)

EXEMPLES DU SECOND CAS:

Les Grecs *et* les Romains ont cultivé les sciences *et* les arts.
Les enfants ne songent point au passé *ni* à l'avenir. (LA BRUYÈRE.)
Le soleil *ou* la terre tourne.
Je suis père, Seigneur, et faible comme *un autre.* (RACINE.)

REMARQUE. Quand *ni* est répété plus de deux fois, le second *ni* et les *ni* suivants doivent être précédés de la virgule (1).

EXEMPLE:

Il ne faut avoir peur ni de la pauvreté, *ni* de l'exil, *ni* de la prison, *ni* de la mort; mais il faut avoir peur de la peur. (ÉPICTÈTE.)

TROISIÈME RÈGLE. Placez une virgule après tout membre de phrase qui en fait nécessairement attendre un autre.

EXEMPLES:

S'il y a quelque chose à haïr dans le monde, c'est la haîne. (CHARRON.)
Si Dieu n'existait pas, il faudrait l'inventer. (VOLTAIRE.)
Le beau ne plaît qu'un jour, si le beau n'est utile. (ST.-LAMBERT.)
Quand la vertu déplaît, c'est la faute du sage. (LACHAUSSÉE.)
Dès qu'il put se venger, il en perdit l'envie. (LA FONTAINE, en parlant de Henri IV.)
Loin de blâmer vos pleurs, je suis près de pleurer. (RACINE.)
Plus on aime quelqu'un, moins il faut qu'on le flatte. (MOLIÈRE.)
Moins l'assemblée est grande, et plus elle a d'oreilles. (MÉTROMANIE.)
Qui ne sait se borner, ne sut jamais écrire. (DESPRÉAUX.)
Quels que soient les humains, il faut vivre avec eux. (GRESSET.)
Il me faut du nouveau, n'en fût-il plus au monde. (LA FONTAINE.)
Il faut rire avant d'être heureux, de peur de mourir sans avoir ri. (LA BRUYÈRE.)
Apprendre la vertu, c'est désapprendre le vice. (SÉNÈQUE.)
Celui qui obéit à la raison, obéit à Dieu. (PLUTARQUE.)

---

(1) Pourquoi? c'est que NI *répété* annonce des détails; en effet, la phrase d'Épictète répond à celle-ci: *Il ne faut point avoir peur de la pauvreté, de l'exil, de la prison, de la mort*, etc. etc. L'énumération frappe; il faut donc appliquer à la phrase énoncée ci-dessus la première règle sur l'emploi de la virgule, dont on se sert particulièrement pour les détails.

Cette remarque s'étend à *et* et à *ou*, quand ils n'ont point la force unitive, et qu'ils marquent seulement énumération, ou qu'ils donnent à la phrase plus d'énergie.

Et *le riche et le pauvre*, ET *le faible et le fort*,
Vont tous également des douleurs à la mort. (VOLTAIRE.)

Le poète aurait pu dire: *Le riche* et *le pauvre*, *le faible* et *le fort*, *vont tous*, etc. etc. Ces deux seuls *et* ont la force unitive; les deux autres ne l'ont point: voilà pourquoi, dans le premier de ces deux vers, *et le faible* est précédé de la virgule.

QUATRIÈME RÈGLE. Quand le sujet est accompagné d'une longue suite de mots, on met une virgule avant le verbe.

EXEMPLES:

Tout *ouvrage* qui ne fait pas faire un pas de plus vers la perfection, *est* inutile.
Celui qui n'aspire pas à se faire un grand nom, *n'exécutera* jamais de grandes choses.

CINQUIÈME RÈGLE. Placez entre deux virgules tout mot en apostrophe ou au vocatif, tout complément éloigné ou toute proposition complétive éloignée.

EXEMPLES:

J'abuse, cher ami, *de ton trop d'amitié.* (ORESTE.)
Il a, dit-il, *un fils ; ce fils sera mon frère.* (ZAMORE.)
La pitié, *a dit Shakespear*, est la vertu des lois.
Il faut, autant qu'on peut, *obliger tout le monde.* (LA FONTAINE.)
Les Romains, sur les flots, *ne bravaient que l'orage.* (ESMÉNARD.)

Heureux qui, satisfait de son humble fortune,
Vit dans l'état obscur où les Dieux l'ont caché. (RACINE.)

Le ciel, qui mieux que nous connaît ce que nous sommes,
Mesure ses faveurs au mérite des hommes. (CORNEILLE.)

La valeur, quels que soient ses droits et ses maximes,
Fait plus d'usurpateurs que de rois légitimes. (CRÉBILLON.)

La paix, l'aimable paix, *fait fleurir son empire.* (J. B. ROUSSEAU.)

REMARQUE. Quand le complément éloigné est très court, on peut négliger la virgule.

EXEMPLES:

Il n'est pour voir *que l'œil du maître.* (LA FONTAINE.)
Que de moissons de gloire en courant *amassées !* (DESPRÉAUX.)

SIXIÈME RÈGLE. Quand le verbe est sous-entendu dans un second membre de phrase, la virgule doit tenir la place du verbe retranché, de l'ellipse.

EXEMPLES:

Les jeunes-gens vivent d'espérances, et les vieillards, de ressouvenirs. (UN ANCIEN.)
Celui qui rend un service doit l'oublier, celui qui le reçoit, s'en souvenir. (DÉMOSTHÈNES.)

(La phrase grammaticale est : Et les vieillards *vivent*, etc. ; celui qui le reçoit, *doit*, etc)

SEPTIÈME RÈGLE. Enfin, dans les longues phrases, faites usage de la virgule, et placez la suivant le besoin de la respiration.

EXEMPLES:

Je fais plus de cas de l'abeille qui tire son miel des fleurs, que de la femme qui en fait des bouquets. (PLUTARQUE.)
L'amitié est un mouvement de l'âme qui nous porte à souhaiter à celui qui en est l'objet, ce que nous regardons comme un bien. (ARISTOTE.) (1)

---

(1) Je crois superflu de faire observer qu'on ne met jamais de virgule entre un *nom* et son *adjectif*, entre le *verbe* et son *sujet*, entre le *verbe* et son *complement-direct* ou *indirect*, entre une *prépo-*

DU POINT-ET-VIRGULE (;).

PREMIÈRE RÈGLE. Le Point-et-virgule se met après une proposition qui, quoique formant un sens complet, est néanmoins suivie d'une autre qui sert à la restreindre ou à l'interpréter.

EXEMPLES:

C'est une lâcheté de craindre la mort; mais c'est une lâcheté plus grande encore de ne pouvoir supporter la vie. (YOUNG.)

Les anciens attachaient une sorte de noblesse à l'oisiveté; cependant l'oisiveté est la source de tous les vices.

Il n'y a pas d'autorité plus absolue que celle du prince qui succède à la république; car il se trouve avoir toute la puissance du peuple qui n'a pu se limiter lui-même. (MONTESQUIEU; *G. d. R.* chap. 15.)

Tout désire et jouit; l'homme seul sait aimer. (ST.-LAMBERT.)
Le pauvre a peu d'amis; le malheur n'en a pas. (VOLTAIRE.)
Ne soyez point ingrat; ce vice est infâmant.

Un homme indiscret est une lettre décachetée; tout le monde peut la lire. (UN ANCIEN.)

Celui qui a été vertueux le matin, peut mourir le soir; il a assez vécu. (CONFUCIUS.)

Le critique mordant fait sur l'âme ce que le soc fait sur la terre; il la déchire et la féconde. (SHAKESPEAR.)

La force ne peut jamais persuader les hommes; elle ne fait que des hypocrites. (FÉNÉLON.)

Une épouse est une amante dans la jeunesse, une compagne dans l'âge mûr, une amie dans la vieillesse; ainsi en tout temps le mariage est bon.

On ne doit jamais parler de soi ni en bien ni en mal; celui qui se vante est un orgueilleux, celui qui s'abaisse est un sot. (ARISTOTE.)

Il vaut mieux pardonner que de se venger; l'un est l'effet d'un bon naturel, l'autre, d'un mauvais caractère. (ÉPICTÈTE.)

DEUXIÈME RÈGLE. Le point-et-virgule s'emploie encore au lieu de la virgule, quand les membres de phrase en même rapport ont une étendue propor-

---

sition et son *complément*, ni même *avant une préposition* et son *complément* (quand le sens grammatical ne permet pas de les détacher de la phrase), entre *deux verbes* dont l'un forme avec l'autre un sens indivisible, entre un *verbe*, un *adjectif* ou *participe-passé* accompagné d'un *adverbe*, enfin entre *deux mots* quelconques unis par une *préposition* ou par une *conjonction*.

EXEMPLES:

Annibal fugitif cherchait au peuple romain un ennemi dans tout l'univers. (FLORUS.)

(Dans cette phrase, tous les mots se tiennent et sont compléments l'un de l'autre, et il n'y en a aucun après lequel on puisse faire une pause, placer une virgule: — Annibal fugitif cherchait *qui?* — UN ENNEMI. — *A qui?* — AU PEUPLE. — *A quel peuple?* — AU PEUPLE ROMAIN. — *Où?* — DANS TOUT L'UNIVERS.)

Le bonheur de la vie est DANS l'emploi du temps. (ST-LAMBERT.)
L'avis du plus grand nombre est SOUVENT *le moins bon*,
Et RAREMENT conforme *à la saine raison.* (DESTOUCHES.)
Le superflu du riche au pauvre est TOUJOURS dû. (ROSSET.)
L'esprit qu'on veut AVOIR. gâte *celui qu'on a.* (GRESSET.)
Aimez *à* lire
La mort *d'un* homme vertueux *n'est que* le soir *d'un* beau jour.

tionnelle, et, spécialement, quand ils renferment certaines parties déjà séparées par la virgule.

EXEMPLES:

Si un homme a parlé de moi par légèreté, il faut le mépriser; si c'est par folie, il faut le plaindre; si c'est pour me faire injure, il faut lui pardonner. (Théodose.)

Parler beaucoup et bien, c'est le talent du bel esprit; parler beaucoup et mal, c'est le défaut du fat; parler peu et bien, c'est le caractère du sage.

Le but de Montesquieu, dans ses voyages, était d'examiner le physique et le moral; d'étudier les lois et la constitution de chaque pays; de visiter les savants, les écrivains, les artistes célèbres; de chercher sur-tout ces hommes rares et singuliers, dont le commerce supplée quelquefois à plusieurs années d'observations et de séjour. (D'Alembert.)

Le chien est le seul animal dont la fidélité soit à l'épreuve; le seul qui connaisse toujours son maître et les amis de la maison; le seul qui, lorsqu'il arrive un inconnu, s'en aperçoive; le seul qui, lorsqu'il a perdu son maître et qu'il ne peut le retrouver, l'appelle par ses gémissements; le seul enfin dont les talents naturels soient évidents et l'éducation toujours heureuse. (Buffon.)

Qu'heureux est le mortel qui, du monde ignoré,
Vit content de lui-même en un coin retiré;
Que l'amour de ce rien qu'on nomme renommée,
N'a jamais étourdi d'une vaine fumée;
Qui de sa liberté forme tout son plaisir,
Et ne rend qu'à lui seul compte de son loisir! (Boileau.)

La ponctuation soulage le lecteur; elle lui indique les endroits où il convient de faire une pause, et combien de temps il doit y mettre; elle contribue à l'honneur de l'intelligence, en dirigeant la lecture de manière que le stupide paraisse comme l'homme d'esprit comprendre ce qu'il lit; elle soutient l'attention de ceux qui écoutent, et leur fixe les bornes du sens; elle remédie aux obscurités qui viennent du style. (Girard.)

Ne régner que pour couronner la justice; donner à ses désirs des bornes moins étendues qu'à sa puissance; ne faire sentir son pouvoir à ses peuples que par le nombre de ses bienfaits; être plus jaloux du nom de père de la patrie que de celui de conquérant, et moins sensible aux acclamations qui suivent les triomphes qu'aux bénédictions du peuple soulagé dans sa misère: telle est la parfaite image de la grandeur d'un roi. (*Le chancelier* D'Aguesseau.)

Les vers suivants réclament aussi le point-et-virgule, parce que les membres de phrase sont semblables par le sens:

Je touche, mon cher fils, au bout de ma carrière;
Tes triomphantes mains vont fermer ma paupière;
Mais, soutenu par toi, mon nom ne mourra plus;
Je renaîtrai dans Rome, et vivrai dans Titus. (Voltaire.)

TROISIÈME RÈGLE. Employez aussi le point-et-virgule, quand il y a parallèle ou contraste:

EXEMPLES:

Anette est belle, je l'admire; Sophie est bonne, je l'aime.

Dans les grandes choses, les hommes se montrent comme il convient de se montrer; dans les petites, ils se montrent tels qu'ils sont.

Qui n'est que juste, est dur; qui n'est que sage, est triste. (Voltaire.)

L'accessoire, chez Cicéron, était la vertu; chez Caton, c'était la gloire. (*Grandeur des Romains.*)

Le peuple adore Dieu, et vous l'outragez; le peuple l'appaise, et vous l'irritez; le peuple l'invoque, et vous l'oubliez. (Massillon, *aux grands.*)

Promettre, c'est donner; espérer, c'est jouir. (Delille.)

Un poète a dit de son chien :

Je l'appelle, il accourt; je me lève, il me suit;
Je m'arrête, il m'attend; je le chasse, il s'enfuit. (Racine le fils.)

DU DOUBLE-POINT (:).

PREMIÈRE RÈGLE. Une citation, un discours, doit être précédé d'un double-point (1) ; exemples :

Pythagore a dit : *Mon ami est un autre moi-même ;* et Larochefoucault : *L'esprit est souvent la dupe du cœur.*

J'aime ce distique sur Lafontaine :

Dans la Fable et le Conte il n'eut point de rivaux,
Il peignit la nature et garda ses pinceaux. (Guichard.)

DEUXIÈME RÈGLE. Une proposition générale *précédée* de l'énumération, de détails, doit être *précédée* du double-point ; une proposition générale *suivie* d'énumération, doit être *suivie* du double-point.

EXEMPLES DU PREMIER CAS :

Dénominations vicieuses, fausses classifications, nul principe qu'avoue la logique : telles sont la plupart des grammaires. (Domergue.)

On n'a jamais contesté le droit de parler librement des morts : pour eux il n'y a plus ni prédilection ni haîne. (Tacite.)

Quand les sauvages de la Louisiane veulent avoir du fruit, ils coupent l'arbre au pied et cueillent le fruit : voilà l'image du gouvernement despotique. (Montesquieu.)

Dans son style, Lafontaine n'a été ni imitateur ni imité : c'est là son mérite. (Laharpe.)

Aristide ne put détourner la basse jalousie que son mérite avait excitée contre lui : tant il est vrai que plus on a de qualités, plus on a d'envieux.

EXEMPLES DU SECOND CAS:

Tout plaît dans les synonymes de Girard : la finesse des remarques, la justesse des pensées, le choix des exemples. (Domergue.)

---

(1) Quand la citation est longue, outre le double-point, on emploie les guillemets (« »); le premier doit toujours être ouvrant («), et les autres, fermants (»).

(Il y a des auteurs qui ne mettent qu'un guillemet au commencement de la citation, et un autre à la fin ; l'usage le plus suivi est d'en mettre au commencement de chaque ligne, sur-tout si la citation est longue.)

EXEMPLE :

Après la St.-Barthélemi, Charles IX ayant écrit à tous les gouverneurs d'exterminer les calvinistes, le vicomte d'Orte, qui commandait à Bayonne, écrivit au roi : « Sire, j'ai trouvé parmi les habitants et les gens de guerre de bons citoyens et de braves soldats, » mais je n'y ai pas trouvé un bourreau ; ainsi, eux et moi, supplions Votre Majesté d'employer nos bras et nos vies à des choses » faisables. » Précieux monument pour l'humanité ! (*Esprit des Lois.*)

Remarque. Si la citation était en vers dans un ouvrage en prose, les guillemets seraient inutiles.

Il y a trois choses qu'on ne connaît que dans trois occasions : le courage à la guerre, la présence d'esprit au moment du danger, l'amitié dans l'infortune.

Voiture et Balzac ont été loués par deux hommes qui étaient avares de louanges : Molière et Boileau.

Il y a deux sortes de curiosité : l'une d'intérêt, qui nous porte à désirer d'apprendre ce qui peut nous être utile ; l'autre d'orgueil, qui vient du désir de savoir ce que les autres ignorent. (LAROCHEFOUCAULT.)

Ci-gît ma femme : oh ! qu'elle est bien
Pour son repos et pour le mien ! (Épitaphe d'une mauvaise femme, par le LORENS.)

Croire tout découvert est une erreur profonde :
C'est prendre l'horizon pour les bornes du monde. (LEMIERRE.)

TROISIÈME RÈGLE. Quand deux ou plusieurs propositions complétives sont déjà séparées par le point-et-virgule, la dernière, qui en est comme le résumé, doit être précédée du double-point.

EXEMPLES :

Les gens qui ont peu d'affaires, sont de très grands parleurs ; moins on pense, plus on parle : aussi les femmes sont-elles sujettes à parler plus que les hommes.

L'esprit, le talent, le génie, procurent la célébrité ; c'est le premier pas vers la gloire : mais les avantages en sont peut-être moins réels que ceux de la réputation. (DUCLOS.)

C'est lorsqu'on voit les sillons de la campagne abandonnés, les charrues brisées, les chaumières désertes ou qui tombent en ruines ; c'est lorsqu'on foule l'herbe qui couvre les rues solitaires des villes ; c'est lorsqu'on rencontre sur les grands chemins des pères, des mères, de jeunes enfants, qui fuient tous ensemble le doux sol de leur patrie : c'est alors que l'humanité s'éveille, que le cœur se serre, et que l'on commence à concevoir que la Cour n'est point l'État, et que le luxe de quelques hommes ne fait pas le bonheur de trente millions de citoyens. (THOMAS, *éloge de Sully.*)

DU POINT (.).

RÈGLE. Le point se met à la fin d'une phrase, soit courte, soit longue, dont le sens est entièrement achevé. On en a déjà vu tant d'exemples, que je n'en donnerai ici que deux.

Un jugement trop prompt est souvent sans justice. (VOLTAIRE.)

Les plus nobles images de la divinité, les rois, ces dieux de la terre, ne sont jamais plus grands que lorsqu'ils soumettent leur grandeur à la justice, et qu'ils joignent au titre de maîtres du monde, celui d'esclaves de la loi. (*Le chancelier* D'AGUESSEAU.)

REMARQUE. Quand on veut faire espérer ou craindre quelque chose ; lorsque, dans un morceau sentimental, on est supposé avoir à dire plus qu'on ne peut exprimer, on met alors plusieurs points de suite, comme dans ces vers de Voltaire :

Tremble.... tu me connais..... tremble de m'offenser. (CLYTEMNESTRE.)
Rome est libre..... il suffit..... rendons grâces aux dieux. (BRUTUS.)

DU POINT D'INTERROGATION (?).

RÈGLE. Quand on fait une question, on emploie le point d'Interrogation.

EXEMPLES:

. . . . Qu'ai-je entendu? quelle surprise extrême?
Qu'allez-vous devenir? que deviens-je moi-même?
D'où vient ce changement? qui dois-je en accuser? (RACINE.)

REMARQUE. La longueur d'une phrase n'empêche pas, si elle est interrogative (ou admirative), que le point d'Interrogation (ou d'Admiration) la termine.

EXEMPLES:

Penses-tu *que Trajan, Marc-Aurèle, Titus,*
Noms chéris, noms sacrés que tu n'as jamais lus,
Aux fureurs des démons soient livrés en partage
Par ce dieu bienfaisant dont ils étaient l'image? (VOLTAIRE.)

(Voyez l'exemple, pag. 164, *qu'heureux est le mortel*, etc. lequel est terminé par le point d'Admiration.)

DU POINT D'EXCLAMATION OU D'ADMIRATION (!).

RÈGLE. On emploie le point d'Exclamation (ou d'Admiration) à la fin des propositions où l'on s'écrie, où l'on manifeste quelque mouvement d'admiration, de crainte, de joie, de surprise, de douleur, etc. etc. etc.

EXEMPLES:

O mon fils! ô ma joie! ô l'honneur de mes jours! (CORNEILLE.)
Qu'un ami véritable est une douce chose! (LA FONTAINE.)
Que l'art est étendu! que l'esprit est borné! (POPE.)

Qu'as-tu fait? malheureux!
Insensés que nous sommes!

Puissent vos maux sans nombre être égaux à vos crimes! (VOLTAIRE.)

Puisse, dit Castel dans son *Invocation à l'Être suprême*,

Puisse l'astre éclatant où brille ta puissance
Ne rien voir dans son cours de plus grand que la France! (Poème des PLANTES.)

DE L'ALINÉA.

Recommencer une ligne, quoique celle qui précède ne soit pas achevée, c'est ce que l'on appelle *alinéa*, c'est-à-dire, *à la ligne*. On l'emploie quand on veut ménager un long repos, ou qu'on veut passer d'un objet à un autre.

IL est bon d'observer que le mot qui commence une *première* ligne, doit être un peu plus avancé vers la droite que les autres lignes : cet alinéa en est un exemple.

DES LETTRES CAPITALES OU MAJUSCULES.

Les grandes lettres, autrement appelées Capitales ou Majuscules, s'emploient :

1°. Au commencement d'une phrase, d'un alinéa, et après une phrase dont le sens est achevé, c'est-à-dire, après un point (1).

2°. Au commencement des noms propres d'hommes, de lieux, de villes, de pays, de départements, de rivières, de montagnes, de mois, enfin d'un mot qu'on veut faire remarquer.

3°. Au commencement des noms de dignités et de charges publiques, ou des noms d'art quand ils sont le principal objet du discours.

4°. D'un nom de chose personnifiée.

5°. Après le double-point, *seulement quand il y a citation*, comme dans cette phrase : *Isocrate a dit il y a plus de deux mille quatre cents ans :* NE FAITES PAS AUX AUTRES CE QUE VOUS NE VOUDRIEZ PAS QU'ILS VOUS FISSENT.

6°. Enfin, au commencement de chaque vers, le sens du vers qui précède ne fût-il même pas achevé.

Tous les signes de ponctuation dont on vient de parler, se trouvent réunis dans l'exemple suivant de Brumoy :

« Je vois descendre du ciel une déité également agréable aux hommes et aux dieux : c'est l'Espérance. O vous qui m'écoutez, pardonnez à ma muse cette métamorphose de passion en divinité. Eh ! ne fait-on pas son dieu de sa passion ? La voici près de nous cette déesse qui préside à l'espoir. Quelle assurance dans son port ! quelle sérénité sur son front ! quelle dignité dans ses airs de tête ! Tantôt un rayon de joie et une lumière voltigeante se jouent autour de ses yeux; tantôt un nuage clair semble voiler son visage comme une gaze légère. Marche-t-elle ? c'est une démarche fière et noble ; elle s'arrête (2)? c'est la confiance qui forme son attitude..... Elle est tantôt infirme, tantôt pleine de vigueur et de santé. Un sourire fort aimable, timide pourtant, beaucoup de feu dans son air; enfin mille attraits dans toute sa personne : aussi attire-t-elle tous les humains qui soupirent après elle ; c'est une cour avide et empressée qui ne la quitte point. Riche de nom, pauvre en effet, elle trouve le secret de repaître cette cour, non de réalités, mais d'apparences. Au défaut de biens, elle leur prodigue des ombres : ils en sont satisfaits. Ont-ils tort ? tout charme, quand on espère ; tout lasse, quand on possède : tant les dons de l'espérance sont assaisonnés d'une je ne sais quelle saveur préférable à celle de l'ambroisie. Un malade, soit d'esprit, soit de corps, s'abreuve à longs traits du doux poison de l'espoir : autant en fait l'amant ; autant le nautonnier sur le sommet d'une vague menaçante; autant le vieillard, presque englouti dans les enfers : l'inexorable Caron a beau le presser d'un regard affreux ; il espère toujours, et la mort étouffe le dernier effort de l'espoir. »

» Venez, chère déesse ; et puisque vos dons ont l'art d'amuser nos faibles cœurs, versez les à pleines mains. Sans eux la vie n'est pas supportable; nul remède à nos maux; tout languit, tout meurt. Par vous l'on goûte le repos, la volupté, les délices, ou du moins la plus douce des illusions. Ah ! ne la rendez pas cruelle à vos trop crédules adorateurs. Trompez-nous, mais cachez votre art ; répandez un nuage sur vos innocentes fraudes, et laissez nous jouir de l'enchantement. » (*Poème des* PASSIONS.)

---

(1) Remarquez qu'on ne met une lettre majuscule *après un point d'admiration* ou *d'interrogation*, que lorsqu'il termine un sens complet.

N'écrivez donc pas :
L'amour-propre est, hélas ! Le plus sot des amours.
Je te salue, ô fleur ! Si chère à ma maîtresse.
Que dites-vous ? O ciel ! Est-ce vous qui parlez ?

Ecrivez :
L'amour-propre est, hélas ! le plus sot des amours ! (Mme. DESHOULIÈRES.)
Je te salue, ô fleur ! si chère à ma maîtresse. (BOUCHER.)
Que dites-vous ? ô ciel ! est-ce vous qui parlez ? (VOLTAIRE.)

(2) Pour : *s'arrête-t-elle ?*

CHAPITRE DEUXIÈME.

DU SON ET DE L'EMPLOI DE QUELQUES LETTRES.

Du C et *du* G.

Le C a le son dur du K avant *a*, *o*, *u* (1); tels sont les mots suivants :

Fabricant,	*Mâcon* (ville),	être *vaincu*.
Rocaille,	*reconnaître*,	une *cure*.

Voulez-vous adoucir le C avant ces trois voyelles? placez dessous une cédille ou C retourné (ɔ):

Commerçant,	*un maçon*,	il a *reçu*.
Fiançailles,	*soupçonner*,	une *gerçure*.

Écrivez également :	Il *plaça*,	nous *commençons*,	ils *perçurent*.
	Nous *exerçâmes*,	nous *avançons*,	elle *conçut*.

Semblable au C, le G a un son dur avant *a*, *o*, *u*, comme dans :

gai, *dragon*, *augure*.

Voulez-vous adoucir le G? placez entre le G et la voyelle un *e* muet nul :

Je *jugeais*, nous *jugeons*, *gageure* (2).

Avant *e* et avant *i*, C a le son doux : *ce*-rise, *ci*-metière, *ce-ci*, etc.

Le son *ke* ou *ki* domine-t-il? rendez-le par *qu* : QU*erelle*, QU*ittance*, etc. etc.

---

(1) On écrit par *k* les quatre mots suivants : *kermès*, *kirielle*, *kilo* (qui joint à un nom de poids ou de mesure, signifie *mille*) et *kiste*.

En général, *ca* et *co* sont plus usités que *qua* et *quo*.

Les principaux mots en *qua* sont : *Aquatique*, *équateur*, *loquacité*, *quadragénaire*, *quadrangulaire*, *quadrature*, *quadrupède*, *quadruple*, *quacre*, *in-quarto* (prononcez COUA dans ces *dix* mots), *quai*, *qualification*, *qualité*, *reliquat*, *quand* (lorsque), *quant* (à l'égard de), *quantième* du mois, *quantité*, *quarante*, *quart*, *quarteron*, *quartier*, *quartz*, *quatrain*, *quatre*, *quatorze*, *quatrième* et *quatriennal*.

Les mots en *quo* se réduisent à : *Quoi*, *quoique*, *quolibet*, *quotient* (ciant), *quotité*.

Hors de là, on emploie presque toujours le C avant *a*, *o*, *u*, sur-tout au commencement des mots : *Ca*-binet, *carré*, *ca*-rême, *co*-lère, corridor, *cu*-lte, etc. etc.

Le C est tellement propre à notre langue, que les dérivés des noms en *que* et des verbes en *quer* changent souvent *qu* en *c* avant *a* et même avant *i*.

Écrivez :	Amérique,	Et :	*Américain.*
	République,		*Républicain.*
	Fabrique,		*Fabricant.*
	Bibliothèque,		*Bibliothécaire.*
	Pratique,		*Praticien.*
	Physique,		*Physicien.*

Révoquer,	Et :	*Révocable*, *révocation*, etc.
Appliquer,		*Applicable*, *application*, etc. etc.

Attaquer, *manquer*, *remarquer* et *risquer* sont les seuls verbes qui fassent *inattaquable*, *immanquable*, *remarquable* et *risquable* par un *qu*.

(2) *Jure*, par un J, est plus usité dans les autres mots : *Injure*, *parjure*, *conjuration*, etc.

Avant *e* et avant *i*, le son du G est également doux; écrivez donc :

Une jolie ber-GÈRE; de la belle or-GE; allé-GER un fardeau; un ven-GEUR; un homme ri-GIDE; le temps est ora-GEUX, etc.

Le son du G doit-il être dur? placez un *u* après le G :

Je ne sors GUÈRE; un bel or-GUE; allé-GUER des raisons; la riGUEUR; un bon GUIDE; un insupportable or-GUEIL, etc.

Remarques particulières sur le C.

Le C est nul, c'est-à-dire, ne sonne pas dans *almanach*, *clerc*, *estomac*, *tabac*, des *lacs* ou filets (le S sonne dans *lacs*), un *broc* de vin, un *marc* d'or, des *marcs* d'huile, non plus que dans *jonc*, *tronc*, *blanc*, *franc*. Après ces deux derniers mots, le C sonne avant une voyelle; prononcez : du blan *kau* noir, un fran *kétourdi*. Le C de *avec* est nul avant une consonne; on dit : AVÈ *lui*, mais il faut dire *avekelle*.

C sonne comme G dans *Claude*, *second* et dérivés : *Glaude*, *segond*, *segonder*.

C, suivi de *ce*, *ci*, a le son du K : succès, accident, prononcez : *sukcès*, *akcident*. *Vermicelle* et *violoncelle* doivent se prononcer *vermichelle*, *violonchelle*.

CH.

Ch a le son dur du K dans *anachorète*, *anachronisme*, *antichrèse*, *archange*, *archétype*, *archiépiscopal*, *archiépiscopat*, *archonte*, *chatécumène*, *chaos*, *chersonèse*, *chiromancie*, *chiragre*, *chirographaire*, *chœur* d'église ou de musique, *christ*, *chrétien*, *chronique*, *chronologie*, *écho*, *eucharistie*, *ichtyologie* (Traité des Poissons), *lichen*, *monachisme*, *orchestre*, des mots *techniques* et dérivés.

Ajoutez y quelques noms propres : *Acheloüs*, *Anacharsis*, *Arachné*, *Bacchante*, *Bacchus*, *bacchique*, la *Chaldée*, *Chanaam*, *Chloé*, *Choris*, *Epicharis*, *Eucharis*, *Melchior*, *Melchisédec*, *Michel*-Ange (peintre), *Nabuchodonosor* et *Zurich*.

On écrit maintenant sans H : *mécanique*, *mélancolie*, *pascal*, *patriarcal*, *patriarcat* et *scolastique* (ou *d'école*).

Remarques particulières sur le G.

Le G est nul, ou ne se fait pas sentir, dans *doigt*, *point*, *rang*, *sang-sue*, *legs* (prononcez *lè*); il est également nul dans *signet* et *Regnard* (nom propre); prononcez : *sinet*, *Renard*.

Suivi d'une voyelle, le G a le son du K : un *joug accablant*, un *rang élevé*, un *sang épais*, etc. se prononcent ainsi : un *joukaccablant*, un *rankélevé*, un *sanképais*.

G sonne comme *gue* du mot *fi-gue*, dans *gnome*, *gnostique*, *ignée* (ou *de feu*), *inexpugnable*, *Progné* (nom propre), *stagnant* et *stagnation* : prononcez : *guenome*, *guenostique*, *iguenée*, etc. etc. etc.

Hors de là, *gn* est mouillé comme dans *ignorer*, *magnanime*, *règne*, etc. etc.

D.

Le D final se prononce dans les noms propres : *David*, le *Cid*, le *sud* ou midi, le *Sund*, détroit de la mer Baltique, etc. etc.

Le D final, suivi d'un mot commençant par une voyelle, a le son du T : *un profond abyme ; — un grand ami ; — un grand homme ; — répond-il? — entend-il? — perd-il? — vend-il? — moud-on, quand on* le *veut, à ce moulin ?*

Conservez le D dans *pied : pied à terre.* Ecrivez plutôt *blé* que *bled.*

F.

Quand le F est double, on n'en prononce qu'un : *affable*, *affirmer*, *affront*, etc. comme s'il y avait : *afable*, *afirmer*, etc.

Le F est nul dans *clef*, *cerf* et *cerf-volant ;* il sonne dans *serf* (esclave).

Le F sonne dans *bœuf*, *nerf*, *œuf ;* il est nul au pluriel de ces mots ; prononcez : des *bœux*, des *ners*, des *œux.* Prononcez également sans F, du BOEU *salé*, un OEU *dur*, un OEU *frais*, un NER *de bœuf.*

Faites sentir le F dans : un *neuf* de cœur, de carreau, etc. et dans : *des habits* NEUFS.

Le F de *neuf* (mot de nombre), suivi d'une voyelle, a le son du V ; prononcez : *neuf ans*, *neuf hommes*, comme s'il y avait : *neuvans*, *neuvommes.*

Le F de *neuf* est nul avant une consonne ; prononcez : NEU *personnes*, NEU *héros.*

Hors de là, le F se fait communément sentir. (*Voyez* les mots à PH, chap. V.)

H.

Le H, comme on sait, est ou *muet*, c'est-à-dire, nul, ou *aspiré*. Voici les principaux mots où la lettre H s'aspire :

hableur.
hâche.
hachis.
hagard.
haie.
haillon.
haine.
haïr.
hâle.
haleter.
halle.
hallebarde.
halte.
hameau.
hanche.
hanneton.
hanter.
happer.
haquenée.
harangue.
haras.
harasser.
harceler.
hardi.
hareng.
hargneux.
haricot.
haridelle.
harnais.
haro.
harpe.
harpie.
harpon.
hasard.
hâte.
hausse-col.
haut, *hauteur.*
haut-bois.
haute-contre.
hâvre.
hennir.
Henri, *Henriade.*
héraut (crieur public).
hère.
hérisser.
hérisson.
hernie.
heros.
herse.
hètre.
hibou.
hie. (une)
hideux.
hiérarchie.
hobereau.
hoche, *hocher.*
hochet.
holà.
hongre (cheval).
honte.
houblon.
houx (arbuste).
houssard, *housard* où *hussard.*
hoquet.
hoqueton.
horde (bande, troupe).
horion.
hormis, *hors* (prépositions).
hotte.
houe.
houlette.
houppe.
houppelande.
hourt.
housse.
houssine.
hoyau.
chat-*huant.*
huée.
huguenot.
huit.
huppe.
hure.
hurler.
hutte.
et quelques noms propres :
Louis *Hutin.*
La *Hollande.*
La *Hongrie*, etc. etc.

REMARQUE. Le H est aspiré dans tous les dérivés ou composés de ces mots ; tels sont : *haîneux*, *hâletant*, *hardiesse*, *enhardir*, *honteux*, *enharnacher*, etc. etc.

Le H est nul dans *exhausser* un mur (l'élever, le rendre plus *haut*) ; dans les dérivés de *héros;* on dit sans aspiration : *l'héroïne*, *l'héroïsme* de la vertu, des *faits héroïques*, qu'on prononce *des faits zhéroïques*, *l'héroïque* valeur, et non pas : *la* héroïne, *le* héroïsme, etc. etc.

On dit, mais familièrement : la toile *d'Hollande*, le tabac, le papier *d'Hollande*, la vie *d'Henri IV*.

On écrit aussi : *le* onze, *le* onzième, *le* oui, sans supprimer la voyelle de l'article.

Louis onze, vers *les onze* heures, se prononce ainsi : *Loui-onze*, vers *lè-onze* heures.

Du J *et du* G *doux.*

Écrivez par *J*, tout son *initial* (1) en :

JA,	JO,	JU.
Jabot,	*Joindre,*	*Juge,*
Judis,	*Jovial,*	*Jurer,*
Jambe,	*Joug,*	*Juste,* etc.
Jardin,	*Jouer,*	
Jaune.	*Jour.*	

Ajoutez y les dérivés de ces mots ou leurs composés : *enjamber*, *enjoindre*, *rejoindre*, *subjuguer* (mettre sous le *joug*), *enjoûment*, *ajourner*, *adjuger*, *injure*, *injustice*, etc. etc.

Écrivez par G, tout son initial en :

GE	ou	GI.	
Gelée.		*Gibet.*	Aucun mot ne commence par *Ji.*
Genou.		*Gilet.*	
Germe.		*Gîte.*	

EXCEPTION. On écrit cependant par *J* : *Je* (pronom), *Jean*, *Jésus*, *jet*, *jeu*, *jeudi*, *jeune* (qui n'est pas vieux), *jeûne* (abstinence), et leurs dérivés ou composés : *budjet*, *objet*, *projet*, *rejet*, *sujet*, *surjet*, *trajet*, *jeter*, *projeter*, *injecter*, *objecter*, *assujetir*, *jeton*, *rejeton*, *enjeu* et *rajeunir*. On écrit aussi : L'île de *Jersey*.

Au milieu des mots, on emploie toujours le G : *âge*, *légion*, *prodige*, *éloge*, *juge*, etc. (2).

On sait que, pour adoucir le G avant *a*, *o*, *u*, on glisse un *e muet nul* intercalaire, et qu'on écrit : *démangeaison*, *orgeat*, *villageois*, *égrugeure*, il *songea*, *bourgeon*, *pigeon*, *changeant*, *obligeant*, *vengeance*, etc. etc.

L.

Le L est nul dans *baril*, *chenil*, *coutil*, *fenil*, *fusil*, *gril*, *nombril*, *outil*, *persil*, *sourcil*, *cul*, *fils*, *pouls* (battement des artères), et *Vesoul*, ville.

---

(1) *Initial* signifie *qui commence ;* il est opposé à *final.*

(2) *J* ne s'emploie au milieu des mots que dans : *Abject*, *adjectif*, *ajouter*, *benjoin*, *cajoler*, *conjuguer*, *deja*, *donjon*, *joujou*, *goujat*, *goujon*, *majesté*, *majeur*, *mijaurée*, *préjudice*, *sapajou*, et presque tous les mots en *jure :* *Injure*, *parjure*, il *abjure* toute haine, etc. etc.

Hors de là, on prononce le L, soit dans les noms, soit dans les adjectifs. (*Voy.* la page 18 et 19. (1).

Le L des pronoms *il* et *ils*, suivis d'une consonne ou d'une voyelle, se prononce également : *il* chante, *il* aime ; *ils* chantent, *ils* aiment, *ils* honorent. (Le S sonne Z avant une voyelle ; *ils zaiment*).

Pour donner au double L un son mouillé, on le fait précéder d'un I, comme dans : *ailleurs*, *paille*, *bataillon*, etc. où l'A domine ; *aiguillon*, *corbeille*, *sommeiller*, *réveiller*, *vieillesse*, *pillage*, *orgueilleux*, *famille*, *sillon* de champ, *grenouille ;* il *brille*, il s'*habille*, il faut que *j'aille*, etc.

L'I précède, comme on le voit, mais il ne suit jamais le double L mouillé ; n'écrivez pas : *allieurs*, *boullion ;* écrivez : *ailleurs*, *bouillon.*

Le L simple, précédé d'un I, et particulièrement de *ai*, *ei*, *ui*, se mouille à la fin des mots ; tels sont : *bétail*, *détail*, etc. (*Voy.* la page 16) *; orgueil*, *sommeil*, *pareil*, etc. ; *accueil*, *deuil*, *fauteuil*, *seuil*, etc.

Gentil (joli), suivi d'une voyelle, a un son mouillé ; *gentil enfant*, *gentil homme* se prononcent *gentillenfant*, *gentillhomme.* (*Gentils hommes* se prononcent *gentizommes*).

Le double L, quoique précédé d'un I, n'est pas mouillé dans les onze mots suivants : *codicille*, *idylle*, *mille*, *pupille*, *sibylle*, *syllabe*, *ville* (vaudeville, village, villageois, etc.), *imbécille*, *tranquille ;* enfin dans : il *vacille*, il *distille.*

Ajoutez y quelques noms propres : *Achille*, *Gille*, *Lille*, *Séville*, etc. etc. On écrit *frileux* par un seul L.

Quand le L double, on n'en fait entendre qu'un : *aller*, *alliance*, *allumer*, *syllabe*, etc. se prononcent *aler*, *aliance*, etc,

Exceptions. Le double L se prononce cependant toujours, et sans le mouiller, après ill : *initial*, *illégal*, *illicite*, *illustre*, etc. On prononce également le double L dans les mots suivants : *allégorie*, *allusion*, *Apollon*, *collationner* (confronter), *collision*, *constellation*, *contravallation*, *belliqueux*, *fallacieux*, *intelligible*, pierre *ollaire*, *oscillation*, *palliatif*, *pulluler*, *pusillanime*, *satellite* et *solliciter.*

Plurier et *plurière* ne sont plus du bel usage ; dites : *pluriel*, *plurielle.*

M.

Quand le M double, on n'en fait sentir qu'un, comme dans : *commissaire*, *nommer ; plaisamment*, *précipitamment* (de *plaire*, *précipiter*), *prudemment*, *ardemment*, *sciemment*, etc.

Le doublement du M se fait sentir, quand le mot commence par *im : im*-mortel, *im*-mensité, etc.

Le M est nul dans *automne*, *damner* et dérivés, *condamner*, etc. N'écrivez pas : *colomne*, *solemnel ;* écrivez : *colonne*, *solennel.*

C'est une règle générale qu'on doit toujours employer le M avant B et avant P, quoiqu'on n'entende que le son d'un N.

Écrivez donc : {*Chambre*, *tremblement*, *timbre*, *ombre*, *humble*, etc.
{*Ramper*, *tempérer*, *simplicité*, *compagne*, etc. etc.

Deux exceptions : *bonbon*, *embonpoint.*

---

(1) Voici les noms masculins en *ile* : *Crocodile*, *concile*, *domicile*, *évangile* et *ustensile*. Ajoutez y *asyle.*

N.

On ne fait point sentir le double N : *année*, *bannir*, la *manne*, *connaissance*, *tonnerre*, etc.; prononcez : *anée*, *banir*, etc.

Le double N se fait sentir seulement dans : *annuel*, *annales*, *annihiler*, *annuler*, *innover*, *connivence*, *Apennin* (mont), et *cannibales*, peuples sauvages d'Amérique.

Ne prononcez pas : *ein*-nocent; prononcez : *i*-nocent.

Remarque. Quand un nom, terminé par N, est suivi d'un mot commençant par une voyelle, et qu'il n'est pas possible de faire un repos intermédiaire, le N *final* se lie avec la voyelle initiale du mot suivant.

Ecrivez : *Mon ami*, *ton habit*, *vain espoir*, *ancien auteur*, *divin enfant*, etc. etc.

Prononcez : *Mo-nami*, *to-nhabit*, *vai-nespoir*, *ancié-nauteur*, *divi-nenfant*.

Prononcez aussi : *Bié-naimé*, *rié-nautre chose*, *o-naime*, *a-nItalie* (pour *en* Italie).

Si l'on peut respirer après *bien*, *rien*, *on*, *en*, on ne fait pas sentir le N, comme dans les phrases suivantes : « Je veux *bien* aller à la campagne ». « Je n'ai *rien* à vous dire de plus ». « Prenez vous *en* à mon frère ». « Que demande-t-*on* à votre ami » ?

Dans *amen*, *abdomen*, *Eden* et *lichen* (ken), *en* sonne comme dans la syllabe initiale de EN-*nemi*, qu'on devrait écrire *énemi*. Le N ne sonne pas dans *examen*; il sonne dans le *Tarn*, rivière.

P.

Le P est il double? n'en prononcez qu'un : *appeler*, *appliquer*, *opposition*, etc. etc. se prononcent : *apeler*, *apliquer*, etc.

Le P est nul à la fin des mots : « Le *loup* est tué ». « Ce *camp* est vaste ». Prononcez : « Le *lou* est tué ». « Ce *can* est vaste ».

P sonne dans *beaucoup* et dans *trop* suivis d'une voyelle : « *Il a beaucou-pétudié* ». « *Il a tro-pattendu* ».

A cause des mots qui en sont formés, conservez le P dans *baptême*, *compter*, *dompter*, *exempter*, *prompt*, *septième*, *sculpteur*, *symptôme*, *temps* et dérivés *indomptable*, *exemption*, *promptitude*, etc.

Le P sonne dans *cap*, *baptimal* et *sceptique*.

Q.

Le Q sonne dans un *coq* et dans *cinq*. Ces deux mots sont-ils suivis d'une consonne? le Q est nul; prononcez : CIN-*personnes*, *un* co *d'Inde*.

R.

Quand le R est double, on n'en fait sentir ordinairement qu'un : *arriver*, *arroser*, *carré*, *courrier*, *embarras*, *perruque*, je *verrai*, *nourrir*, etc.; prononcez : *ariver*, *aroser*, etc. etc.

Le redoublement du R se fait sentir seulement dans : *aberration*, *abhorrer*, *con-*

current, *concurrence*, *errer*, *erreur*, *horreur*, *interrègne*, *narration*, *terreur*, *torrent* et dérivés ; dans les mots qui commencent par IR, tels que *irrégulier*, *irriter*, etc. etc.; enfin, aux futurs et aux conditionnels - présents des verbes *acquérir*, *courir*, *mourir*, etc.

Le R final ne se prononce ordinairement pas dans les noms ou adjectifs en ER : *quartier*, *ouvrier*, *berger*, *altier*, *léger*, etc.

(*Voyez* les noms et adjectifs à R final sonnant, page 191).

Le R final sonne dans les mots en IR, OIR, EUR, OUR : *sentir*, *souffrir*, *désir*, *plaisir*, *avenir*, *souvenir*; *concevoir*, *savoir*, le *devoir*; la *peur*, la *valeur*; le *jour*, une *cour*, une *tour*, un *four*, un *tour*, *atour*, *détour*, *contour*, *pourtour*, *retour*, etc.

Le R final des verbes de la première conjugaison ne sonne qu'avant une voyelle. *Aimer à lire*; prononcez : *aimé*-R*alire*. Il faut prononcer : *aimer la lecture*, comme s'il y avait : *aimé la lecture*.

S.

L'articulation du S simple varie ; elle est douce,

1°. Au commencement des mots, quand il suit une voyelle; tels sont : *savoir*, *secret*, *silence*, *soleil*, *sujet*, *syllabe*, etc.

2°. Quand le S est précédé d'une consonne : *corsage*, *anse*, *diversité*, *pinson* (oiseau), *censure*.

Le S sonne Z entre deux voyelles, tels sont : *visage*, *vase*, *curiosité*, *raison*, *mesure*, (1).

Le S a encore le son du Z dans *trans* suivi d'une voyelle : *transaction*, *transiger*, etc. (*transir* se prononce néanmoins *trancir*).

Quand le S est double (il est alors doux), on n'en prononce qu'un : *assassiner*, *dessiner*, *dissimuler*, *chasse*, *essieu*, *fasse*, etc.

Quand le S est double, le premier appartient ordinairement à la syllabe qui précède : *as*-sistance, *des*-sécher, *pres*-sentiment, etc etc. (2). (Il est à remarquer que le double S est plus usité que le C entre deux voyelles).

Le S final a le son du Z avant une voyelle : vou*s* aimez ; — il*s* aiment ; — le*s* humains, etc.

Le S final est doux et se fait sentir dans les mots suivants : *aloës*, *anus*, *as*, *atlas*, *bis*, *blocus*, *calus*, *chorus*, *dervis*, *fœtus*, un *fils* (enfant), *gratis*, *jadis*, *kermès*, *laps* de temps, *macis*, *maïs*, les *mars* (semailles de printemps), les *mœurs*, un *ours*, un *prospectus* (sorte d'avis public), un *rhinocéros*, *sinus*, en *sus*, *vasistas*, une *vis* qui entre dans un écrou.

Ajoutez y quelques noms propres : *Adonis*, le mont *Athos*, *Alexis*, le *Calvados* (rocher situé vers Caen), *Chloris*, *Thémis*, *Bacchus*, *Comus*, *Vénus*, *Cincinnatus*, *Curtius*, *Cérès*, *Périclès*, etc. ; enfin, *Rheims*, ville, la *Lys*, rivière, *Rubens* (bins), nom de peintre.

Le S sonne dans *plus que*; hors de là, le S de plus est nul : « Je n'ai *plus* d'espoir ». « Vous n'en avez *plus* ». Prononcez : *plu*.

---

(1) Le S est irrégulièrement doux, comme s'il était double, dans : *Désiller* les yeux (qu'on devrait écrire *déciller*, à cause de *cil*), dans *désuétude*, *monosyllabe*, *parasol*, *polysyllabe*, *préséance*, *présupposer*, *pusillanime*, *résipiscence*, *vraisemblable*, *vésicatoire*, *girasol*, *tournesol* et dérivés.

(2) Quoique le S soit double, l'*e* est cependant *muet* dans les mots suivants et dérivés : *Cresson*, *ressaigner*, *ressaisir*, *ressasser*, *ressaut*, *ressembler*, *ressemer*, *ressentir*, *resserrer*, *ressort*, *ressortir*, *ressouvenir*, *ressource*, *ressuer*, *dessus* et *dessous*. Prononcez : *Cre*-sson, *re*-ssaigner, etc.

Le S sonne dans *lis*, fleur ; il est nul dans *fleur de lis*. (On n'écrit plus *lys*).

Le S sonne dans *sens*, excepté dans *sens commun*.

Le S de *tous* est nul dans « *tous* les hommes » ; il sonne quand *tous* termine la phrase : « Je les ai vus *tous*. »

T.

Le T sonne ordinairement comme dans : *tableau*, *terre*, *tirage*, *tonneau*, *tumulte*, *tyrannie*, etc.

Dans le corps du mot, TI sonne tantôt comme dans *ci*-tron, tantôt comme dans TI-mon.

TI se prononce comme CI,

1°. Dans tous les noms et adjectifs dont les finales sont relatées au commencement de ces lignes :

TIAL : *abbatial*, *impartial*, *initial*, *martial*, *nuptial*, etc. } (1).
TIEUX : *ambitieux*, *captieux*, *facétieux*, *factieux*, etc. }
TIENT : *patient*, *impatient*, *quotient*, *patience*, et nécessairement *patienter*, etc. (Prononcez : IAN).
TION : privation, discrétion, apparition, notion, contribution, attention, objection, portion, etc., et généralement tous les noms en TION, où cette finale n'est pas précédée de S ou de X (2).

2°. Dans les noms féminins en TIE, quand *tie* est précédé d'une voyelle ; tels sont : prim*atie*, proph*étie*, impér*itie* (inhabileté), épizo*otie*, min*utie*, etc. ; ajoutez y *ineptie* et *inertie*.

Le T est doux aussi dans *essentiel* et *partiel*, et dans les deux seuls verbes : *balbutier* et *initier*. (Les autres verbes sont en CIER : appré*cier*, asso*cier*, licen*cier*, remer*cier*, etc.

3°. Dans les noms de peuple et d'individu en TIEN, tels que *Égyptien*, *Dioclétien*, *Gratien*, etc.

Hors de là, TI sonne comme dans TI-mon, soit dans les noms, soit dans les adjectifs, soit dans les verbes ; tels sont : alterna*tive*, par*tie*, ami*tié*, é*ti*quette, pra*ti*que, prophé*ti*que, épizoo*ti*que, châ*tier*, je *tiens*, nous objec*tions*, nous por*tions*, etc. etc.

Thi a toujours un son dur : apa*thie*, sympa*thie*, Ma*thieu*, etc.

Quand le T est double, on n'en prononce qu'un : *atténuer*, *attiédir*, *attrouper*, *grotte*, *hutte*, etc. ; prononcez : *aténuer*, etc.

Le doublement du T se fait sentir dans : *atticisme*, *attique*, *guttural* et *pittoresque*.

T sonne dans *sept* et dans *huit*, soit que ces mots terminent la phrase, soit qu'ils soient suivis d'une voyelle : « Ils sont *sept* ; » — « ils étaient *huit* ; » — « il a *sept* ou *huit* ans ».

---

(1) L'orthographe des mots primitifs décide souvent si les dérivés doivent prendre un *C* ou un *T* doux.

Écrivez par C :		à cause de :
	Auda*cieux*,	auda*ce*.
	Spa*cieux*,	espa*ce*.
	Sou*cieux*,	sou*ci*.
	Capri*cieux*,	capri*ce*.
	Conscien*cieux*,	conscien*ce*.
	Silen*cieux*,	silen*ce*.
	Astu*cieux*,	astu*ce*.
	Négo*ciant*,	négo*ce*.
	Artifi*ciel*,	artifi*ce*.
	Spé*cial*,	espè*ce*.

Écrivez par T :		à cause de :
	Ambi*tieux*,	ambi*tion*.
	Minu*tieux*,	minu*tie*.
	Inep*tie*,	inep*te*.
	Rela*tion*,	rela*tif*.
	Sujé*tion*,	su*jet*.
	Ac*tion*,	ac*te*.
	Atten*tion*,	atten*tif*.
	Déser*tion*,	déser*ter*.
	Par*tial*, par*tiel*, etc.	par*ti*, par*tie*.

On écrit par un C : *précieux* et *pernicieux*.

(2) En effet, TI a un son dur dans : eS*ti*me, les beS*ti*aux, queS*tion*, digeS*tion* (et non pas *digession*), etc. etc. etc. ; miX*tion*, etc. etc. etc.

T final sonne toujours dans : *déficit*, une *dot*, *est* ou levant, *ouest* ou couchant, *granit*, cours *gratuit*, le *lest* d'un vaisseau, *occiput*, *rapt*, enlèvement, *tact*, *intact*, *exact*, *fat*, *mat*, *correct*, *direct*, *infect*, *suspect*, *strict*, *distinct*, *succinct*, un mal *subit*, droit de *transit* (de passage), *chut* (interjection), un diamant *brut* et *zénith*.

T est nul dans *et* suivi d'une voyelle : « Alexis *et* Adèle ; » prononcez : « Alexis *é* Adèle ».

T est nul dans *aspect*, *respect* et *circonspect*. *Respect humain* se prononce : *respec humain*.

On peut *conserver* ou *supprimer* le T au pluriel des noms et des adjectifs en *ant* et en *ent* de plus d'une syllabe.

Écrivez donc : des *ornements charmants* ; — des *enfants caressants*, *indolents*, *patients*, etc. etc.
ou : des *ornemens charmans* ; — des *enfans caressans*, *indolens*, *patiens*, etc. etc.

La première orthographe est la plus régulière ; nos meilleurs grammairiens *Girard*, *Beauzée*, *Wailly*, *Domergue*, *Boinvilliers*, *les écrivains de Port-Royal* et *Didot* sont d'accord sur ce point.

U.

Faites sentir l'U dans : *aiguille*, *aiguillon*, *aiguiser*, *arguer*, *Guise* (nom propre).

Dans : statue *équestre* (représentant un homme à cheval), dans *équitation* (l'art de monter à cheval), et dans *liquéfaction*, *questeur*, *quintuple* et *être à* QUIA (ne savoir que répondre), prononcez : *cué* et *cui*.

On écrit aujourd'hui : *vide* et *vider*, et non pas : *vuide*, *vuider*.

X.

Le X sonne {
ou comme QS : *maxime*, *sexe*, *fixer*, *mixte*, *Alexandre* (nom propre), etc.
ou comme GZ : *examen*, *exhéréder* (déshériter), *exil*, *Xavier* (nom propre), etc.
ou comme K ; *excès*, *exciter*, etc.
ou comme SS : *Auxerre*, *Auxonne*, *Bruxelles* (villes) ; *soixante*, etc.
ou comme Z : *sixain*, *sixième*, *dix* hommes, etc.

Le X sonne aussi comme QS, dans *thorax*, *préfix*, *lynx*, *larynx*, *sphynx*, *borax*, *Ajax* (nom propre) ; *index*, *perplex* ; *préfix*, *Coisevox* (nom propre) ; hors de là, l'*e muet* termine le son QS : *axe*, *taxe*, *annexe*, *convexe*, *fixe*, *prolixe*, *rixe* (dispute), *équinoxe*, *paradoxe*, etc. (*Voyez* chap. 4, les mots terminés en X).

Y.

Cette lettre vaut deux *ii*.

Écrivez donc : { *Écuyer*, *frayeur*, *moyen*, *loyauté*, *rayon*, *voyage*, nous *voyons* (à l'ind. présent), etc. etc.
parce qu'on prononce : { *Écui-ier*, *frai-ieur*, *moi-ien*, *loi-iauté*, *rai-ion*, *voi-iage*, nous *voi-ions*.

Souvenez vous bien que l'*e muet* ne peut être précédé d'un Y grec ; ce doit toujours être un I simple. Écrivez donc : Je *paie*, j'*essaie*, je m'*ennuie*, je *nétoie*, ils *paient*, ils *essaient*, ils s'*ennuient*, ils *nétoient*, ils *croient*, ils *voient*, ils *fuient*, ils s'*asseient*, je *paierai*, j'*essaierai*, je m'*ennuierai*, je *nétoierai* ; on doute que j'*aie*, qu'ils *aient* (1) raison ; la *joie*, la *pluie*, *Troie*, (ville), etc. etc.

---

(1) Un grammairien très répandu, et que je m'abstiendrai de nommer, écrit au singulier : « Il faut que j'*aye* » avec un *y grec*, et au pluriel « il faut qu'ils *aient* » avec un *i* simple. Quelle inconséquence !...

Quelques auteurs écrivent : « Je *paye* ». L'uniformité réclame impérieusement le changement de l'*y grec* ou double *ii* en un *i simple* avant un *e muet*. Dites donc avec Delille d'un prisonnier ;

Rien n'*égaie* à ses yeux sa morne obscurité.

et avec Racine, en parlant des coursiers d'Hippolyte :

Il veut les rappeler, et sa voix les *effraie*. (*Voyez* les mots à Y, page 185).

Z.

Le Z offre son articulation dans : *Zara*, *zèle*, *zéphire*, *zéro*, *zinc* (minéral), *zizanie* (ivraie), *zodiaque*, *zoologie* et *Zurich* (ville).

Le S sonne toujours Z entre deux voyelles : *phrase*, il *pèse*, *entreprise*, il *ose*, *ruse*, etc.

Les mots suivants et quelques autres peu usités font exception : *amazone*, *azerolle*, *azur*, pain *azyme* (sans levain), *bézoart*, *bonze*, *bronze*, *buze*, *colza*, *donzelle*, *épizootie*, *haze*, *gaze*, *gazette*, *gazon*, *gazouiller*, un bel *horizon*, *lazaret*, *dizain*, *onze* jusqu'à *seize*. Ajoutez y l'adjectif *bizarre*, la *Lozère* (montagne), et la *Corrèze* (rivière).

On écrit aussi : *Beziers*, *Mezières* et *Mouzon* (villes).

CHAPITRE TROISIÈME.

Du redoublement des consonnes.

B. D. G.

On ne redouble ni le B, ni le D, ni le G, dans les mots ; écrivez donc :

B : *abattre*, *abaissement*, *abeille*, *habit*, *aboutir*, *aboyer*, *abus*, *glèbe*, *robe*, *tube*, etc.

D : *adhérer*, *adieu*, *adoucir*, *adopter*, *adorer*, *adulation*, *grade*, *remède*, *homicide*, *commode*, *inquiétude*, etc.

G : *agacer*, *agrandir*, *agréable*, *agréer*, *agresseur*, *exagérer*, etc.

Huit exceptions : *abbé*, *addition*, *reddition*, *adduction*, *agglomérer*, *agglutiner*, *aggraver*, *suggérer* et dérivés *abbaye* (prononcez *abéie*), *additionner*, etc.

C.

Le C se redouble dans presque tous les mots qui commencent par *ac* et par *oc*.

ACC : *accabler*, *accomplir*, *accord*, *accuser*, etc. } ne prononcez qu'un C.
OCC : *occasion*, *occuper*, etc. }

(On écrit cependant : *acabit*, *acariâtre*, *académie* et *acoquiner* par un seul C).
Hors de là, la prononciation indique quand le C est *double* ou *simple*.

EXEMPLES :

accident, *acide*. *succès*, *sucer*, (On ne prononce qu'un C dans *succomber*).

REMARQUE. Quand on entend le son d'un double C après l'*e initial*, le X remplace le premier C ; exemple : *excès*, *exciter*, et non pas *ec-cès*, *ec-citer*.

F.

Le F se redouble presque toujours dans les mots, sur-tout quand ils commencent par *af*, *ef*, *of*, *dif*.

AFF : *affabilité*, *affaiblir*, *affaire*, *affamer*, *affecter*, *affermer*, *affirmation*, *affliger*, *affluence*, *affront*, *affût*, etc.

EFF : *effacer*, *effet*, *effiler*, *effort*, *effrayer*, etc.

OFF : *offenser*, *office*, *offrir*, *offusquer*, etc. etc.

DIFF : *diffamer*, *différencier*, *difficile*, *difformité*, *diffusion*, etc.

Ajoutez y *bouffon*, il *biffe*, *chiffre*, *griffe*, *buffle*, *chauffer*, *chiffon*, le *chiffre*, *coffre*, *greffe*, *étoffe* (le reste en *ophe*), *souffler*, *souffrir*, *truffe*, etc.

Exceptez en, 1°. les mots qui commencent par *def* et par *ref*.

DEF : *défaire*, *défaut*, *défendre*, *défense*, *déférer*, *défiance*, *défoncer*, *défunt*, etc.

REF : *réflexion*, *refondre*, *refonte*, etc.

2°. Les mots suivants et dérivés : *Afrique*, *agrafe*, *carafe*, *parafe* (le reste en *aphe*), *café*, *cafard*, *calife*, *pontife*, *préfet*, *rafraîchir*, *safran*, *soufre*, *mufle* et *tartufe*. (*Voyez* le PH, page 184).

L.

Le L se redouble presque toujours,

1°. Dans les mots qui commencent par *al*, quand ce son précède une voyelle :

ALL : *aller*, *allier*, *alliance*, *allonger*, *allouer*, *allumer*, *allure*, etc. etc. etc.

(Exceptez en : *alambic*, *alarme*, *aliéner*, *alignement*, *aliment*, *alité*, *aloi*, *aloès* et dérivés.)

2°. Dans le féminin des adjectifs en *el* ; ELLE : *mortelle*, *cruelle*, *annuelle*, etc. etc. (On écrit au masc. et au fém. *fidèle* et *rebelle*).

3°. Dans les noms féminins en *elle* : *bagatelle*, *cervelle*, *écuelle*, *chandelle*, *querelle*, etc. etc. etc. (Excepté la *grêle*).

Les noms masculins sont en *el* comme les adjectifs masculins : *casuel*, *ciel*, *colonel*, *hôtel* (maison), *autel* d'église, *sel*, etc. etc.

(Exceptez en seulement : *modèle*, *parallèle*, nom et adjectif, et *zèle*. On écrit : un *libelle*, pamphlet).

Quand le L double après l'I initial, la prononciation l'indique.

On écrit : *illégal*, *illustre*, etc.
Et : *île*, *Iliade*. (Poème D'HOMÈRE).

Doublez le L dans les verbes *appeler*, *chanceler*, *ensorceler*, *épeler*, *étinceler*, *harceler*, *morceler*, *renouveler* et *ruisseler*, quand ce L est suivi d'une syllabe finale à *e muet*.

Écrivez donc : *appeler*, — *appelant*, — j'*appelais*, — j'*appelai*, — tu *appelas*, etc. — que j'*appelasse*, etc.

Et : j'*appelle*, tu *appelles*, il *appelle*, (nous appelons, vous appelez), ils *appellent*, il faut que j'*appelle*.

Écrivez au futur et au condit. présent :

j'*appellerai*, etc. j'*appellerais*.

M. N. R.

Le M, le N et le R se redoublent dans presque tous les mots qui commencent par *com*, *con* ou *cor*.

COMM : *commander*, *commencer*, *commerce*, *commission*, *commode*, *commune*, etc.

(Exceptez en seulement : *comité*, *comestible* et *Comus*, dieu des festins).

CONN : *connaître*, *connexité*, *connivence*, *connu*, etc. etc. (Excepté *cône*).

CORR : *correct*, *corriger*, *corrompre*, *corrupteur*, etc. etc etc. etc.

(Exceptez en seulement : *corail*, *coriace*, *coriandre*, *corollaire*, *coronaire* et *complice*).

On double le M dans *gomme*, *homme*, *pomme*, (on écrit *Pomone*), *somme*, *sommaire*, *sommeil*, *sommet* et dérivés. Le M double aussi dans tous les adverbes en *ment* : vaill*amm*ent, différ*emm*ent, précéd*emm*ent, etc. etc.

Quand le M double après l'I initial, la prononciation l'indique.

Ecrivez donc : *immanquable*, *immatériel*; *imminent*, *immobile*, *immuable*, etc,

Et : *image*, *imaginer*; *imiter*, etc. etc.

Il est à remarquer que tous les dérivés des mots terminés en *on*, doublent le N.

EXEMPLES:

Bon, *bonne*; — citron, *citronnier*; — légion, *légionnaire*; — don, *donner*, *abandonner*; — son, *sonner*, *sonnerie*, *consonnance*; — ton, *détonner*, etc. etc. etc.

(On écrit cependant : *donateur*, *donataire*, *donation*, *intonation*, *sonore* et *national* par un seul N).

On écrit *honneur* avec deux N, et *honorable*, *honorer*, *déshonorer* avec un seul N.

Le R se redouble communément dans les mots qui commencent par *ar* et par *ir*.

ARR : *arracher*, *arrêter*, *arrière*, *arriver*, *arrondir*, *arroser*, etc. etc. etc. etc.

(Exceptez en seulement : *Arabie*, (pays), un *are*, (mesure de surface), *arène*, *arête* de poisson, *aride*, *ariette*, *aristocratie*, *arithmétique*, *aruspice* et dérivés.)

IRR : *irrégulier*, *irritable*, *irruption*, etc. etc. etc. (Trois exceptions : *irascible*, *Iris*, *ironie*).

P.

Le P se redouble dans les mots qui commencent par *ap* et par *sup*.

APP : *apparaître*, *appareiller*, *appeler*, *apporter*, *approbation*, *appui*, etc. etc. etc.

(On écrit par un seul P : *apanage*, *apathie*, *apurer* un compte, *apercevoir*, *Apollon*, *apologue*, *apostat*, *apostolat*, *apostille*, *apostrophe*, *apothicaire* et dérivés *apôtre*, *apostiller*, etc.)

(Plusieurs écrivent aussi : *apaiser*, *aplanir* et *aplatir* par un seul P).

SUPP : *supplanter*, *suppléer*, *supplier*, *supplicé*, *supposer*, *supputation*, etc. etc. etc.

(Cinq exceptions : *superbe*, *superficie*, *supérieur*, *superstition*, *suprême* et dérivés *superficiel*, *supériorité*, etc. etc. etc.)

T.

Le T se redouble communément quand le mot commence par *at*.

ATT : *attachement*, *attaquer*, *attendre*, *atterrer*, *attirer*, *attouchement*, *attraper*, *attribuer*, *attrister*, *attrouper*, etc. etc. etc.

(Exceptez en : *atelier*, *athée*, *atrabilaire*, *âtre*, *atroce* et dérivés).

Le T double dans presque tous les mots en *ette*, *otte*.

ETTE : *dette*, *fillette*, *brunette*, *coquette*, *muette*, etc. etc. etc.

(Exceptez en : *athlète*, *anachorète*, *comète*, *diète*, *interprète*, *planète*, *poète*, *prophète*, et les adj. fém. *complète*, *discrète*, *inquiète*, *secrète* et *prête*).

OTTE : *botte*, *carotte*, *cotte* d'armes, *échalotte*, *gavotte*, *grotte*, *motte*; il *flotte*, il *emmaillotte*, elle *trotte*, etc. etc.

(Exceptez en : *antidote*, *côte* (os), *galiote*, *note*; fille *bigote*, *cagote*, *dévote*, *idiote* et dérivés. Ajoutez y : il *radote*).

Le T ne double point dans les mots en *ate*, *ite*, *ute*.

ATE : *date* d'une lettre, il *date* de loin, *frégate*, la *pâte* pour pétrir, une personne *délicate*, *ingrate*, *plate*, etc. etc. etc.

ITE : *conduite*, *fuite*, *mérite*, *réussite*, *suite*, *visite*, etc. etc. etc. (Deux exceptions : être *quitte*, il *acquitte*).

UTE : *chûte*, *culbute*, *dispute*, *flûte*, *minute*, etc. etc. etc. (Exceptez en seulement : *butte*, *hutte*, et il *lutte*).

Voici les mots en *atte* : *baratte*, *chatte*, *datte* (fruit du palmier), *jatte*, *latte*, *natte*, une *patte* d'animal ; *matte*, adjectif féminin, il *flatte*, il *gratte*, il faut qu'il *combatte*.

Remarque. Le T se redouble dans *jeter* et dans ses composés *rejeter*, *projeter*, etc., quand cette lettre précède un *e muet*.

On écrit : *jeter*, *jetant*, — je *jetais*, — je *jetai*, tu *jetas*, etc. ; — que je *jetasse*.

Et : je *jette*, tu *jettes*, il *jette*, (nous jetons, vous jetez), ils *jettent*, que je *jette*.
Futur : je *jetterai*. Cond. prés. : je *jetterais*.

CHAPITRE QUATRIÈME.

DE LA DÉRIVATION.

Souvent la consonne finale d'un mot primitif ou *formateur* est nulle, c'est-à-dire, ne se prononce pas ; on la trouve presque toujours en consultant les mots qui en sont formés et qu'on appelle *dérivés*. Ainsi, l'on écrit *sang* avec un G final, à cause des dérivés *sanglant*, *sanguin*, *sanguinaire*, *ensanglanter*, etc. etc.

Écrivez :	à cause des dérivés :
Plomb, tronc, rang, etc.,	*plomber, tronçon, ranger, arranger.*
Hasard, art, accord, mort, etc.,	*hasarder, artiste, accorder, mortalité.*
Brigand, gant, etc.,	*brigandage, gantier.*
Marchand, champ, chant, etc.,	*marchandise, champêtre, chanter.*
Échafaud, saut, etc.,	*échafauder, sauter.*
Ennui, appui, nuit, etc.,	*ennuyer, appuyer, nuitamment.*
Défi, oubli, sourcil, etc.,	*défier, oublier, sourcilleux, sourciller.*
Parfum, à jeûn, emprunt, etc.,	*parfumer, jeûner, emprunter.*
Faim, fin, etc.,	*famine, finir.*
Van, néant, vent, etc.,	*vanner, anéantir, venteux, ventôse.*
Galop, complot, etc.	*galoper, comploter.*
Danger, ouvrier, etc.,	*dangereux, ouvrière.*
Bras, tas, éclat, magistrat, etc.,	*embrasser, entasser, éclater, magistrature.*
Engrais, souhait, etc.,	*engraisser, souhaiter.*
Encens, sens, cent, etc.,	*encenser, sensible, sensation, centaine.*
Excès, essai, balai, arrêt,	*excessif, essayer, balayer, arrêter.*
Dos, repos, pot, etc.,	*dossier, reposer, poterie.*
Tapis, mépris, dépit, pari, etc.,	*tapisser, mépriser, dépiter, parier.*
Refus, début, salut, etc.,	*refuser, débuter, salutaire* ou *salutation.*
Bout, goût, etc.	*aboutir, goûter.*
Bruit, crédit, esprit, lit, etc.,	*ébruiter, accréditer, spirituel, alité.*

La consonne finale nulle d'un adjectif ou d'un participe passé se trouve de la même manière ; consultez le féminin.

Ecrivez :	à cause des dérivés :
Laid, parfait, etc.,	*laide, parfaite.*
Musulman, gourmand, charmant, etc.,	*musulmane, gourmande, charmante.*
Vagabond, bon, rond, prompt, etc.,	*vagabondage, bonne, ronde, prompte.*
Bavard, épars, etc.,	*bavarde, éparse.*
Sourd, court, etc.,	*sourde, courte.*
Agé, léger, etc.,	*âgée, légère.*
Mis, pris, soumis, ennemi, conduit, etc.,	*mise, prise, soumise, ennemie, conduite.*
Fini, étourdi, maudit, etc.,	*finie, étourdie, maudite.*
Mahométan, constant, etc.,	*mahométane, constante.*
Sain, saint, contraint, peint, joint, etc.,	*saine, sainte, contrainte, peinte, jointe.*
Divers, ouvert, vert, offert, etc.,	*diverse, ouverte, verte, offerte.*
Nu, diffus, brut, etc.,	*nue, diffuse, brute.*

Mots sans dérivé *terminés par* D.

Égard, *étendard*, *épinards* (nom masc. plur.), *billard*, *boulevard*, *brancard*, *brouillard*, *différend* (contestation), *lézard*, *nard*, *renard*, *vieillard*, *tisserand*, *gond*, *plafond*, *lord*, *milord*, *nord*, *muid*, *nid*, *nœud*, *pied* et *réchaud*. Ajoutez y : le *Gard* (rivière).

La dérivation indique le D dans les autres mots. On écrit : *bond*, *bord*, *fond* (lieu bas), *gland*, *profond*, *retard*, etc., à cause des dérivés *bondir*, *border*, *profondeur*, *glandée*, etc.

Mots sans dérivé *terminés par* I.

Abri (malgré *abriter*), *api*, *bailli*, *bistouri*, *bouilli*, *cabri*, *céleri*, *démenti*, *émeri*, *établi*, *parti*, *pilori*, *rôti*, *autrui* et *étui*. La dérivation indique les autres : *ami*, *pli*, *appui*, etc., à cause de *amie*, *plier*, *appuyer*.

Mots sans dérivé *terminés par* S.

Ananas, *appas* (charmes, attraits), des *bas*, *cabas*, *canevas*, *cas*, *cervelas*, *chasselas*, *coutelas*, *damas* (étoffe), *fatras*, *frimas*, *Hipocras*, *platras*, *repas* et *verglas*.

Un *ais* (planche de bois), *biais*, *dais* (on écrit un *dé* à coudre), *jais*, *harnais*, *frais*, *laquais*, *marais*, *palais* (dans tous les sens), *panais* et *relais*. Ajoutez y : *mais*, *désormais* et *jamais*.

Un bon *mets* (plat), un *legs*, *accès*, etc. (*Voyez* les mots en *ès*, page 11). La plupart des autres sont en *et*.

Abatis, *brebis*, *cacis*, *chassis*, *chenevis*, *cliquetis*, *coloris*, *croquis*, *débris*, *devis*, *éboulis*, *gâchis*, *glacis*, *hachis*, *logis*, *panaris*, *paradis*, *parvis*, *pilotis*, *radis*, le *ris* (rire), un *souris* (sourire), une *souris* (animal), *sursis*, *taillis*, *torticolis*, *treillis*, *buis*, *cambouis* et *puits*. Ajoutez y : *puis*, adverbe, et *depuis*.

Enchois, *carquois*, *empois*, une ou deux *fois*, *gravois*, *minois*, *mois* de l'année, *patois*, *poids* (pesanteur), un *pois* (légume), *fonds* de terre, le *temps*, le *tiers*, le *remords*, le *corps*, un *mors* (frein), le *pouls* qui bat, le *cours* (*concours*, *discours*, *recours*, *secours*), à *rebours*, *velours*, *chaos*, *clos*, *enclos*, *héros*, *jus*, *pus*, *talus* et *plus*. Ajoutez y : *dessous*, *dessus*, *ailleurs*, *quelquefois*, *volontiers*, *toujours*, adverbes; *dès* et *après*, prépositions; le *Doubs* et le *Gers*, rivières.

(*Voyez* les mots à *S final sonnant*, page 175).

La dérivation indique le S final dans les autres mots : *pas*, *amas*, *rabais*, *niais*, *accès*, *avis*, *pays*, *bois*, *trois*, *os*, *abus*, etc., à cause de *passer*, *amasser*, *rabaisser*, *niaise*, *accessible*, *aviser*, *paysage*, *boiser*, *troisième*, *osseux* ou *désosser*, etc.

Mots sans dérivé *terminés par* T.

Achat, *agnat*, *apparat*, *appât* (pâture, amorce), *apostat*, *apostolat*, *assassinat*, *avocat*, *cardinalat*, *bât*, *carat*, *cédrat*, *certificat*, *concordat*, *consulat*, *contrat*, *crachat*, *dégât*, *doctorat*, *économat*, *électorat*, *entrechat*, *épiscopat*, *état*, *forçat*, *frimat*, *grabat*, *goujat*, *mât* de vaisseau, *noviciat*, *odorat*, *orgeat*, *patriarcat*, *pensionnat*, *plagiat*, *pontificat*, *potentat*, *résultat*, *stellionnat*, *verrat*, *jumart* et *rempart*.

Un *fait*, (*bienfait*, *forfait*, *méfait*, *parfait*, *stupéfait*, etc.); *trait*, (*attrait*, *extrait*, *portrait*, etc.); *lait*, *souhait*, à cause de *laitière* ou *allaiter*, *souhaiter*.

Banquet (et tous les noms où le son *què* final bref domine), comme *bosquet*, *caquet*, le *hoquet*, etc.; *boulet*, *buffet*, *cabinet*, *couplet*, *déchet*, *duvet*, *filet*, *forêt*, *fouet*, *jouet*, *rouet* pour *filer*, *gibet*, *gilet*, *gousset*, *intérêt*, *jarret*, *millet*, *objet*, *budjet*, *projet*, *trajet*, etc. etc. etc., en un mot tous les noms où le son *è final bref* se fait entendre.

Acabit, *appétit*, *bandit*, *biscuit*, *circuit*, *conflit*, *dédit*, *délit*, *édit*, *habit*, *manuscrit* et *répit*.

Détroit, *endroit*, *exploit*, *surcroît* et *toit*.

Bardot, *billot*, *cachot*, *camelot*, *canot* (bateau), être *capot*, *charriot*, *chicot*, *dépôt*, *écot*, *entrepôt*, *escargot*, *falot*, *gigot*, *grelot*, *haricot*, *îlot*, *impôt*, *javelot*, *lingot*, *lot*, *magot*, *matelot*, *mot*, *pivot*, *prévôt*, *suppôt*; *effort*, *port* de mer, *renfort*, *ressort*, *sort*, *tort*; *tôt*, *tantôt*, *bientôt*, *plutôt*. Ajoutez y : le *Lot*, rivière.

Artichaut, *assaut*, *défaut*, *hérault* (qui fait une proclamation), *levraut*, *quartaut*, il *faut*, il *vaut*; l'*Escaut*, l'*Hérault*, rivières.

But, *fût* d'une colonne, *affût*, le *rut*, le *statut*. (*Voyez* les mots à *T final sonnant*, page 177.)

La dérivation indique le *T final* dans les autres mots; écrivez : *prélat*, *attentat*, *climat*, *part*, *reliquat*, *soufflet*, *profit*, *flot*, *pont*, *transport*, *institut*, *scorbut*, etc., à cause de *prélature*, *attentatoire*, *acclimater*, *participer*, *reliquataire*, *ponton*, *institution*, *scorbutique*, etc.

Mots sans dérivé *terminés par* X.

Choix, *croix*, *noix*, la *poix* (goudron), et *voix*; *crucifix*, *perdrix*, *prix*, *six*, *dix*; *faix* (fardeau), *paix*, la *chaux*, la *faux*, *un* faux, le *taux* des denrées, le *flux* et le *reflux*, le *courroux*, la *toux*, un *époux*, *doux*, *jaloux* et *roux*. Ajoutez y le pluriel des mots en *al*, *au*, *eu*, *ou* : des *maréchaux brutaux*, des *berceaux*, des *feux*, des *cailloux*, et le masculin des adjectifs en *eux* ou *ieux* : *peureux*, *somptueux*, *curieux*, etc.

N'écrivez pas : les *loix*; écrivez : les *lois*.

Mots sans dérivé *terminés par* Z.

Le *gaz* (air factice), le *biez* d'un moulin à eau, le *nez*, le *rez* de chaussée, un *recez* de l'Empire d'Allemagne, le *riz*, légume, *assez* et *chez*, et la seconde personne plurielle des verbes : vous *chantez*, vous vous *justifierez*, vous *emploieriez*, vous vous *assiérez*, etc. etc.

CHAPITRE CINQUIÈME.

DE LA MANIÈRE D'ORTHOGRAPHIER CERTAINS MOTS.

PH. Le son F se rend par PH dans : *alphabet*, *apophthègme*, *bibliographe*, *cénotaphe*, *géographe*, *épigraphe*, *épitaphe*, *orthographe*, *télégraphe*; *emphase*, *éphémère*; tous les noms en *phie*, (excepté *bouffie*), *géographie*, *philosophie*, etc.; *camphre*, *éléphant*, *coryphée*, *trophée*, *apocryphe*, *hiéroglyphe*; tous les mots en *ophe*, (excepté *étoffe*), *apostrophe*, *catastrophe*, *limitrophe*, *philosophe*, *strophe* et *triomphe*; *méphitisme*, *métamorphose*, *métaphore*, *orphelin*, *pamphlet*, *phalange*, *phare*, *pharmacie*, *phénomène*, *philanthrope*, *philologue*, *phlébotomie*, *phlégéthon*, *phlogistique*, *phase*, *phrase*, *phosphore*, *phthisie*, *physique*, *métaphysique*, *physiologie*, *physionomie*, *sopha*, *anthropophage*, *œsophage*, *ichtyophage*, *sarcophage* et dérivés (1).

Ajoutez y quelques noms propres: *Adolphe*, *Amphitrite*, *Euphrate* (fleuve), *Iphigénie*, *Joseph*, *Morphée*, *Orphée*, *Pasiphaé*, *Phébus*, *Phénix*, *Phénicoptère*, *Philoctète*, *Philippe*, *Philomèle*, etc.

SC. Les mots suivants prennent SC avant *e* et avant *i*: *ascendant*, *ascension*, *acquiescer*, *descendre*, *discerner*, *s'immiscer* dans les affaires d'autrui, *obscène* (lascif), *oscillation*, *sceller* avec un *sceau* (cachet), *scélérat*, *scène*, *scepticisme*, *sceptre*, *susceptible* (2), *vesce* (graine), *viscère*, *disciple*, *discipline*, *escient*, *faisceau* d'armes, *fascine*, *fasciner* les yeux, *piscine*, *irascible*, *rescinder*, *rescision*, *scie*, *science*, *scion* (rejeton), *scission*, *susciter*, talent *transcendant*, *concupiscence*, *réminiscence*, *résipiscence*, *adolescence*, *convalescence*, *délitescence*, *effervescence*, *efflorescence* et *excrescence*.

Et nécessairement: *descente*, *condescendance*, *discernement*, *scélératesse*, *scier*, *sciure*, *conscience*, *prescience*, *sciemment*, *ressusciter*, etc.

TH. Le son du T se rend par TH dans: *thé*, *théâtre*, *anathème*, *théocratie*, *théologie*, *théorie*, *thériaque*, *thermes* (bains chauds des anciens), *thermidor*, mois des bains, des chaleurs, *thermomètre*, *thésauriser* (amasser des trésors), *thèse*, *antithèse*, *hypothèse*, *parenthèse*; *thon* (poisson), *thym*, *acanthe*, *athée*, *athlète*; *apathie*, *antipathie*, *sympathie*; *apothéose*, *apothicaire*, *arithmétique*, *bibliothèque*, *hypothèque*, mouche *cantharide*, *cathédrale*, *catholicisme*, *cothurne*, *enthousiasme*, *épithète* (adjectif), *épithalame*, *gothique*, *isthme*, *rhythme*, *labyrinthe*, *absinthe*, *plinthe* (cannelure d'un panneau), *luth*, *méthode*, *misanthrope*, *anthropophage*, *philanthrope*, les *mathématiques*, *mythologie*, *ornithologie* (traité des oiseaux), *orthographe*, *panthéon*, *panthère*, *pathétique*, ouvrage *posthume*, et dérivés.

Ajoutez y quelques noms propres: *Aréthuse*, *Athènes*, *Carthage*, *Catherine*, *Corynthe*, *Cythère*, *Démosthènes*, *Luther*, *Prométhée*, *Mathieu*, *Mithridate*, *Thalie*, *Thémis*, *Thémistocle*, *Thésée*, *Thomas*; la *Meurthe*, la *Sarthe* et les Deux-*Nèthes* (rivières).

EXH et RH. On écrit: *exhaler*, *exhausser* un mur (l'élever), *exhéréder* (déshériter), *exhiber* (montrer), *exhorter*, *exhumer* (déterrer), et dérivés.

On écrit: donner des *arrhes*, *rhéteur*, *rhinocéros* (animal), *rhomboïdal* (arrondi), *rhubarbe*, *rhumatisme*, *rhume*, *enrhumer*, *diarrhée*. Ajoutez y: *Rheims*, *Rhodes*, le *Rhin*, le *Rhône*, etc.

Y. Au lieu de l'I, on emploie l'*y grec*, qui n'a que la valeur d'un *i* simple dans les mots suivants, tirés des langues étrangères: *abyme*, *analyse*, *asyle*, *apocryphe*,

(1) On écrit aujourd'hui par F: *Faisan* (oiseau du Phase), *fantôme*, *flegme*, *frénésie*, *golfe*, et un *parafe*.

(2) *Susceptible* ne se dit que des choses; *capable* se dit des personnes.

clystère, *cycle*, *encyclopédie*, *cygne* (oiseau), *cyprès*, *cylindre*, *Cythère*; *Dryade*, *dynastie*, *dyssenterie*, *dysurie*, l'*Élysée*, bail *emphytéotique*, *érysipèle*, *étymologie*, *gymnase*; *chyle*, *style*, *péristyle*, *idylle*, *sibylle*; *anonyme*, *homonyme*, *synonyme*; *lymphe*, *nymphe*; *larynx*, *lynx*, *sphynx*; *olympe*, *type*, *typographie*, édition *stéréotype*, *hyacinthe*; *hydre* et tous les mots qui commencent par *hydro*, tels que *hydrographie*, *hydropisie*, etc. etc.; *hygiène*, *hymen* ou *hyménée*, *hymne*, *hyperbole*, *hypocondre*, *hypocrite*, *hypothèque*, *hypothèse*, *ichtyologie* (Traité des Poissons), *lycée*, un *martyr*, le *martyre*, *porphyre*, un *satyre*, une *satyre*, *zéphyre*; *myopie*, *myria* (mot qui, ajouté à un nom de poids ou de mesure, signifie DIX MILLE), *myriagramme*, *myriamètre*; *myrrhe*, *myrte*, *mystère*; *panégyrique*, *paralysie*, *physionomie*, *physique*, *polygamie*, *polype*, *polysyllabe*, école *polytecnique*, *polythéisme*, *presbytère*, *prytanée*, *pygmée*, *pyramide*, le *rythme*, *jury*; *sycomore*, *sycophante*, *syllabe*, *symbole*, *symétrie*, *sympathie*, *symphonie*, *symptôme*, *sinagogue*, *syncope*, *syndix*, *synode*, *syntaxe*, *système*; *tympan*, *tyran*, *yeux* et dérivés.

L'*y grec*, employé seul, a toujours aussi le son d'un *i* simple, comme dans : « J'*y* vais », « j'*y* consens ».

Ajoutez y quelques noms propres, tels que : l'*Égypte*, la *Syrie*, *Syracuse*, *Gray*; le *Styx*, la *Lys*, la *Dyle*, l'*Yonne* (rivières); le *Zuyderzée* (grand golfe de la Hollande); les *Pyrénées* et le *Puy-de-Dome* (montagnes).

On écrit aujourd'hui par un *i* simple : *cristal*, *chimie*, *hiver*; quelques uns écrivent aussi : *abime*, *asile*.

Du son AN. Le son *an* est-il initial? il se rend par EN, et par EM avant B et avant P (1).

Écrivez donc : *en*-chanter, *en*-cre pour écrire, *en*-fin, *en*-flammer, *en*-glober, *en*-hardir, *en*-joindre, *en*-lever, *en*-nuyer, *en*-raciner, *en*-sanglanter, *en*-tendre, *en*-vahir, *en*-voyer, etc. etc. etc.;

Et : *em*-baller, *em*-barras, *em*-bûche, *em*-pailler, *em*-plir, *em*-prisonner, etc. etc. etc.

On sent bien qu'il faut écrire également : dés*en*chanter, dés*en*nuyer, re*m*plir, re*n*voyer, etc. etc. etc.

Le son AN est souvent final.

1°. Terminez par *an* les mots suivants : *an*, *artisan*, *balandran*, *ban*, *bilan*, *boucan*, *bougran*, *bouracan*, *brelan*, *cabestan*, *cadran*, *carcan*, *chambellan*, *charlatan*, *chenapan*, *cormoran*, *cran*, *écran*, *élan*, *encan*, *empan*, *éperlan*, *flan*, *faisan*, *forban*, *hauban*, *landamman* (président de la Suisse), *Latran*, le lac *Léman*, *maman*, *merlan*, le *Morhiban* (petit golfe), *Océan*, *ortolan*, *ouragan*, *Pan*, (divinité), *pan* de muraille ou d'habit, *partisan*, *pélican*, (oiseau), *plan*, *roman*, *ruban*, *safran*, *tan*, *Titan*, *trantran*, *trépan*, *tympan*, *tyran*, *van*, *Vatican*, *vétéran*, *volcan*, et une foule de mots turcs, tels que *koran*, *divan*, *ramazan*, *sultan*, *turban*, etc. etc.

Le féminin des adjectifs indique quand le masculin est en *an* : anglic*an*, à cause de anglic*ane*, etc.

---

(1) Cette règle a peu d'exceptions : *an*, *an*cêtres, *an*cien, *an*tique, *an*técédent, *an*térieur, *an*cre (de vaisseau), *an*duin, *an*gar, *an*gle, *An*glais, *an*guille, *an*kilose, *an*se; tous les mots qui commencent par *anti*, *anti*chambre, *anti*ciper, etc.; *an*tre (caverne), *an*xiété (peine), et dérivés.

Et : *am*bassade, *am*bidextre (qui se sert de l'une et de l'autre main), *am*biguité, *am*bition, *am*bulent, *am*phibologie, *am*phithéâtre, *am*ple, *am*poule, *am*puter un bras (le couper), et dérivés ou composés.

2°. Formez par *an* tous les adjectifs et les noms qui viennent des *verbes*, le plus souvent du *participe-présent*.

à cause de :		Écrivez :		et nécessairement
abonder. .	abond*ant*,	abond*ant*, *ante*;	abond*ance*.	abond*amment*.
obliger. . .	oblige*ant*,	oblige*ant*, *eante*;	oblige*ance*, (il vieillit).	oblige*amment*.
veiller. . .	veill*ant*,	. . . .	bienveill*ance*.	. . . .
languir. . .	languiss*ant*,	languiss*ant*, *ante*;	. . . .	languiss*amment*.
dépendre. .	dépend*ant*,	dépend*ant*, *ante*;	dépend*ance*.	dépend*amment* ou indépend*amment*.
pouvoir. .	que je *puisse*,	puiss*ant*, *ante*;	puiss*ance* (1).	puiss*amment*.

3°. Formez par *en* tous les adjectifs et les noms qui ne viennent pas des verbes.

Écrivez donc : abs*ent*, appar*ent*, ard*ent*, et leurs dérivés ou composés : abs*ence*, s'abs*en*ter, appar*ence*, appar*emment*, ard*emment*, etc. etc. etc. Écrivez : clém*ent*, compét*ent*, confid*ent*, déc*ent*, dol*ent*, éloqu*ent*, fréqu*ent*, indol*ent*, indulg*ent*, l*ent*, innoc*ent*, pati*ent*, succul*ent*, urg*ent*, etc. etc. etc., et nécessairement : clém*ence*, compét*ence*, confid*ence*, confid*en*tiel, déc*ence*, déc*emment*, dol*emment*, éloqu*ence*, éloqu*emment*, fréqu*en*ter, indulg*ence*, l*en*teur, ral*en*tir, innoc*ence*, pati*ence*, pati*en*ter, innoc*emment*, etc. etc. etc. (2).

4°. Formez par *en* les adverbes et les noms en *ment*.

Écrivez donc :	abondamm*ent*, etc. récemm*ent*, etc.		Deux exceptions : amant, diamant.
Et :	logem*ent*. tourm*ent*. testam*ent*.	et nécessairement : tourm*en*ter. testam*en*taire.	

---

(1) Ecrivez cependant : adhér*ent*, afflu*ent*, différ*ent*, influ*ent*, précéd*ent*, néglig*ent*, équival*ent*, excell*ent*, résid*ent*, viol*ent*, et leurs composés ou dérivés : afflu*ence*, différ*ence*, différ*en*cier, différ*emment*, influ*ence*, précéd*emment*, néglig*ence*, etc. etc., quoique ces dix adjectifs viennent des verbes. On écrit exist*ant* et exist*ence*.

(2) On écrit seulement par *an* : ambul*ant*, const*ant*, délinqu*ant*, dist*ant*, exorbit*ant*, gal*ant*, gar*ant*, inst*ant* (adjectif), méch*ant*, nonchal*ant*, odor*ant*, odorifér*ant*, péd*ant*, pétul*ant*, sangl*ant*, sav*ant*, vaill*ant* et vigil*ant*, et par suite : const*ance*, const*amment*, dist*ance*, gal*an*terie, gar*an*tir, méch*an*ceté, méch*amment*, etc. etc. etc., quoique ces dix-huit adjectifs ne viennent pas des verbes.

Remarque. Il faut écrire par *gant* tous les adjectifs, soit qu'ils viennent, soit qu'ils ne viennent pas des verbes ; exemples : *arrogant*, *élégant*, *fringant*, *intrigant*, *fatigant*, etc. etc. etc., et nécessairement : *arrogance*, *arrogamment*, *élégance*, *élégamment*, etc. etc. etc.

On écrirait cependant :
En fatigu*ant* cette personne de vos plaintes, etc.
La musique précéd*ant* le cortège, etc.
Un enfant néglige*ant* ses devoirs, etc.

Pourquoi? parce que, dans ces trois phrases, *fatiguant*, *précédent* et *négligeant* sont de vrais participes-présents, et que tous les participes-présents sont invariablement terminés en *ant*. On sent qu'il faut écrire : *fatiguant*, parce que ce participe-présent vient d'un verbe en *guer*, *fatiguer*.

5°. Formez le son *an* par *en* dans le corps des mots suivants :

Abstinence.
Accent, accentuer.
Accident, accidentel.
Agent, agence.
Alentour (adverbe).
Antécédent.
Amende (peine afflictive).
Appendice.
Appentis (échoppe).
Argent, argenter, argenterie, etc.
Arpent, serpent, arpenter, serpenter.
Ascendant.
Audience.
Authentique, authenticité.
Auvent.
Aventure, aventurer, aventurier, etc.
Cadence, décadence, cadencer, etc.
Calendrier.
Cendre.
La Charente (rivière).
Charpente, charpentier.
Censé (réputé).
Censeur, censure, censurer, etc.
Centre, ventre, concentrer, etc.
Client.
Commensurable.
Concupiscence.
Concurrent, concurrence.
Confluent.
Convenence.
Contempteur.
Contentieux (litigieux).
Continence.
Continent.
Contingent.
Couvent.
Denrées (les).
Air dense (épais), condenser, etc.
Dent, édenté, dentiste, trident, dentelle, etc.
Désinence.
Dyssenterie.
Encens, encenser, encensoir, etc.
Escient.
Essence, quintessence, essentiel.

Remarque. Les autres mots sont en

Essence.
Adolescence, adolescent.
Convalescence, convalescent.
Effervescence, etc etc. etc.
Exemple, exemplaire.
Exempt, exempter, exemption.

Expédient.
Expérience, expérimenté.
Faïence, faïencier.
Tous les mots en *férence.*
Déférence, circonférence, préférence, etc. etc. etc.
Gencive.
Gendarme.
Gendre.
Genre.
Gens (les).
Genti, gentillesse.
Gingembre.
Hareng, etc.
Hennir, hennissement.
Identité, identifier.
Incompréhensible.
Immense, immensité.
Incendie, incendier.
Incident, etc.
Incontinent, (adv.).
Inconvénient.
Indemnité, indemniser,
Ingrédient.
Inventaire, inventorier.
Legende.
Lendemain.
Lendore.
Lentille.
Licence, licencier, etc.
Magnificence.
Membrane.
Membre.
Mensonge.
Oraison mentale.
Menton.
Mentor, (prononcez : *min*).
Mésentère.
Métempsycose.
Nomenclature.
Obédience.
Occident, orient, occidental, oriental, etc.
Occurrence.
Offence, offenser, guerre offensive.
Onguent.
Ostensible (qu'on peut montrer).
Ostensoir.
Parent (allié).
Parenthèse.
Patente.
Pendant, prép.; cependant, conj.
Pentagone, pentamètre.
Péremptoire.

Pestilentiel.
Potence.
Potentat.
Un présent (cadeau.)
Président d'une assemblée.
Providence.
Quotient.
Récipiendaire.
Récipient.
Régent, régenter, régence.
Relent.
Réminiscence.
Rempart.
Rencontre, rencontrer.
Renfort, renforcer, etc.
Repentir, se repentir.
Résipiscence.
Réticence.
Révérent.
Sédentaire.
Semence, ensemencer.
Sens, sensation, sensible, sentir, consentement.
Sentence.
Sentinelle.
Septembre, novembre, décembre.
Sergent.
Science, conscience, prescience.
Silence, silencieux.
Sempiternel, (adj.)
Solennel, solennité, solenniser.
Souvent, (adv.).
Splendeur, splendide, resplendir.
Talent, transcendant.
Tempe (la).
Temple (un).
Temps, long-temps, printemps, intempestif, contemporain, temporiser, etc.
Tendre, attendrir, attendrissement.
Torrent.
Trempe, tremper.
Vendange, vendanger, etc.
La Vendée, rivière.
Vendredi.
Vent, éventer, un éventail, une ventouse, ventôse, etc.

Ajoutez y les deux seuls adj, de nombre :

Cent et trente.

Voici les verbes en *en :*

Appréhender, appréhension, etc.
Augmenter, augmentation, etc.
Commencer, recommencer, commencement, etc.
Commenter, commentaire, etc.
Contempler, contemplation, etc.
Engendrer.
Fermenter, fermentation, etc.
Fomenter des troubles.
Inventer, invention, etc.
Se lamenter, lamentation.

Mendier son pain.
Mentir, menterie.
Pencher, penchant, pente.
(On écrit : s'épancher).
Penser, dépenser, dispendieux, compenser, récompenser, dispenser, indispensable, etc. etc.
Rembourser, remboursement.
Renverser, renversement.
Retentir (renvoyer le son).
Revendiquer.

Sembler, assembler, ressembler, ressemblance, semblable, etc.
Stipendier.
Tempérer.
Tenter, attenter, intenter, sustenter, etc.
Trembler, tremblement.
Venger, vengeance.
et
Vilipender.

Ajoutez à ces mots :

1°. Tous les noms en *ention* ou en *ension*, (excepté *expansion*). *Voyez* la page 195.

2°. Tous les verbes en *endre*, (répandre excepté), tels que fendre, pendre, prendre, rendre, descendre, tendre, prétendre, vendre, etc. etc. etc., et leurs dérivés ou composés *fente*, *défendre*, *défense*, *pente*, *pendule*, *rente*, *descente*, *condescendance*; *tente* (toile tendue), *prétention*, *vente*, etc. etc. etc.

Hors de là, le son *an* se rend toujours par *an* : circonst*ance*, d*anse*, d*anser*, ch*ant*, ench*ant*ement, am*and*e (fruit), dem*and*e, ch*am*bre, inst*ant*, l*an*guir, p*an*ser une plaie, c*am*per, r*am*per, r*ang*, s*ang*, t*ante* (sœur du père ou de la mère), se v*an*ter, vi*and*e, etc. etc. etc. etc. etc. etc.

Les mots qui prennent *an* sont incalculables.

Du son IN. Le son *in* est-il initial? il doit se former par IN et par IM avant B et avant P.

Écrivez donc : *in*capacité, *in*discrètement, *in*fidèle, *in*génuité, *in*quiet, *in*struire, *in*telligence, *in*vitation, *in*voquer, etc. etc. etc. (A*in*si, et *en*nemi qu'on prononce *énemi*, font seuls exception).

Et : *im*bécillité, *im*puissance, etc. etc. etc.

Le son *in* est-il final? aidez vous des remarques suivantes.

Est-ce un *nom?* essayez les dérivés, s'il en a.

Écrivez donc :	Chem*in*,	à cause de :	*cheminer, s'acheminer.*	On écrit par *aim : daim*, *essaim* d'abeilles, et *faim* dont la finale est d'ailleurs indiquée par le mot *famine*.
	Cr*in*,		*crinière.*	
	Décl*in*,		*décliner.*	
	Dess*in*,		*dessiner.*	
	Jard*in*,		*jardinier.*	
	V*in*, etc. etc.		*vineux.*	

Est ce un *adjectif?* essayez le féminin. Si ce féminin sonne en INE, formez le son *in* par IN; s'il ne sonne pas en *ine*, formez le son *in* par AIN (1).

Écrivez donc :	Cous*in*, div*in*, chagr*in*, orphel*in*; etc.	à cause de :	cous*ine*, div*ine*, chagr*ine*, orphel*ine*.
Et :	Germ*ain*, v*ain*, contempor*ain*, vil*ain*, etc.		germ*aine*, v*aine*, contempor*aine*, vil*aine*.

Voici les noms qui prennent AIN : l'*Ain* (rivière), *airain*, *andain*, *bain*, *chapelain*, *chevrotain*, *dédain*, *demain*, *écrivain*, *étain*, *gain*, *grain* malgré *grener*, *lendemain*, *levain*, *main*, *maintenant* (adverbe), *merrain*, *pain* qu'on mange, *parrain*, *marraine*, *plantain*, *poulain*, malgré *pouliner*, *quatrain*, *regain*, *sainfoin*, *sixain*, *soudain*, adverbe, *tain* de miroir, de glace, *train*, *Vulcain*; l'*aine* (partie du corps), l'*Aisne* (rivière), *aubaine*, *bedaine*, *capitaine*, une *chaîne*, *domaine*, *faine*, *fredaine*, *fontaine*, *futaine*, *gaîne* de couteau, *haîne*, *laine*, *migraine*, *plaine*, *porcelaine*, *pretentaine*, *semaine*, et leurs dérivés *maintenir*, *traîner*, *entraîner*, *enchaîner*, etc. etc. etc.

Ajoutez y *huitaine*, *dixaine*, *douzaine*, *trentaine*, *centaine*, etc. etc. etc.

Les noms en *ein* se réduisent à : *aveine*, (ou avoine), *baleine*, *dessein* (projet), *frein*, *haleine*, *peine*, les *reins*, *reine*, pomme de *reinette*, le *sein*, la *Seine* (rivière), le *seing*, signature, le *serein* (brouillards legers du soir), le *teint*, la *veine* et la *verveine*. Ajoutez y les deux seuls adj. : *plein* et *serein*, à cause de *plénitude*, *sérénité*.

Quand le son *in* domine à l'infinitif-présent des verbes en *indre*, le son *in* se rend par *ein :* ce*in*dre, fe*in*dre, pe*in*dre, te*in*dre, restre*in*dre, ave*in*dre, etc. etc., et leurs composés ou dérivés fe*in*te, pe*in*tre, dépe*in*dre, atte*in*te, etc. etc. etc. (On écrit seulement : c*in*tre et p*in*ceau).

Il n'y a que quatre verbes qui prennent *ain :* contr*ain*dre, cr*ain*dre, pl*ain*dre, v*ain*cre, et dérivés ou composés : contr*ain*te, cr*ain*te, pl*ain*te, conv*ain*cre, etc. etc.

Le son *iin* se rend toujours par *ien :* le m*ien*, anc*ien*, anc*ienne*, mo*yen*, mo*yenne*,

---

(1) Cette remarque, d'où découle une règle aussi simple que sûre, n'a été faite par aucun grammairien.

je *tiens*, ils *tiennent*; *ien* sonne *ian* dans: pat*ient*, émoll*ient*, expéd*ient*, expér*ience*, fa*ïence*, ingréd*ient*, quot*ient*, et dérivés pat*ience*, pat*ienter*, etc.

Hors de là, le son *in*, soit dans le corps, soit à la fin du mot, se rend toujours par *in* : d*in*don, parler dist*in*ctement, gr*in*cer des dents, l*in*ge m*in*ce, une p*in*ce, qu*in*conce, r*in*cer des verres, s*im*plicité, s*in*cérité, s*in*gulier, t*im*bre, br*in*, fest*in*, scrut*in*, tocs*in*, etc. etc. etc. etc. etc.

Du son final *é* ou *ée*, *i* ou *ie*, *u* ou *ue*. Les noms masculins sont presque tous terminés en *é*, *i*, *u*.

é : Un *procédé*, un *dé* à coudre, *abrégé*, *pré*, *traité*, *pavé*, etc. etc. etc. etc. etc. etc. (Excepté l'*athée*, l'*hyménée*, le *lycée*, le *trophée* et très peu d'autres).

i : Le *souci*, *défi*, *bouilli*, *ami*, *api*, *parti*, *ennui*, *étui*, etc. etc. etc. (Exceptez en : un *génie* et un *incendie*).

u : Un *écu*, un *individu*, un bon *revenu*, le *tissu*, etc. etc. etc.

Presque tous les noms féminins sont terminés par un *e muet*.

ée : Une *dragée*, *assemblée*, *armée*, *journée*, *épée*, *entrée*, *pensée*, *arrivée*, etc. etc.

ie : La *maladie*, la *nostalgie*, *folie*, *manie*, *copie*, *bergerie*, *partie*, *vie*, etc. etc. etc. (Une exception : la *fourmi*).

ue : L'*étendue*, la *venue*, l'*issue*, *charrue*, *vue*, etc. etc. etc. (Quatre exceptions : une *bru*, la *glu*, la *vertu* et une *tribu*, portion d'un peuple).

Écrivez aussi : une *haie*, la *joie*, la *soie*, la *cabale*, la *cire*, la *peinture*, la *joue*, la *moue*, une *lieue* de distance, la *queue*, la *pluie*, etc. etc. etc. (Cinq noms féminins sans *e muet* : *foi*, *loi*, *paroi*, *dot* et *vis* à écrou).

Les noms féminins en TÉ ne prennent point d'*e muet final* : la *beauté*, la *bonté*, la *charité*, l'*équité*, l'*indemnité*, la *majesté*, la *rivalité*, la *santé*, etc. etc. etc. etc. etc.

(On écrit seulement *avec un e muet* : *charretée*, *dictée*, *jetée*, *montée*, *pâtée*, *potée* et *portée*).

Ier ou *ié*. On écrit seulement par *ié* : l'*amitié*, l'*inimitié*, la *moitié* et la *pitié*. Tous les noms masculins où le son final *ié* se fait entendre, se rendent par *ier* : L'*Allier* (rivière), le *cahier*, *gibier*, *héritier*, *fumier*, *métier*, *papier*, *plaidoyer*, *roulier*, *caissier*, etc. etc. etc. etc. etc.

Ace et *asse*. Les noms principaux en *asse* sont : *bécasse*, *brasse*, *carcasse*, *chasse*, *classe*, *crasse*, *crevasse*, *cuirasse*, *culasse*, *filasse*, *masse*, *milliasse*, *paillasse*, *paperasse*, *Parnasse*, *potasse*, *tasse*, *terrasse*, *bonasse*, *cocasse* et *molasse*, adjectifs.

Ajoutez y : il *casse*, il *chasse*, il *embarrasse*, il *embrasse*, il *passe*, il se *lasse* (se fatigue), il faut que je *fasse*, il fallait que j'*allasse*, que je *changeasse*, etc. etc.

Le reste en *ace* : *espace*, *grâce*, *place*, etc. etc.; *coriace*, *rapace*, *vorace*, etc.; il *agace*, il *trace* un plan, il *lace* avec un lacet.

Ece, *esse* et *aisse*. Les seuls mots en *èce* sont : *espèce*, *nièce*, *pièce*; la *Grèce* et *Lucrèce* (noms propres.) Ceux en *aisse* sont : *baisse*, *caisse*, *graisse*; il *abaisse*, *encaisse*, *engraisse*, *affaisse*, *laisse*, *délaisse*; ils *connaissent*, *paraissent* et dérivés.

Le reste est en *esse* : l'*adresse*, *altesse*, *faiblesse*, *ivresse*, *promesse*, *vitesse*, etc. etc. Il *blesse*, *caresse*, *presse*, *professe*, etc. etc.

Ice et *isse*. Les mots en *isse* sont : *coulisse*, *éclisse*, *écrevisse*, *esquisse*, *génisse*, *jaunisse*, *Jocrisse*, *mélisse*, *pythonisse*, *réglisse*, *saucisse*, *Suisse*; *lisse*, adjectif; *métisse*, adjectif féminin; tous les verbes : je *glisse*, je *hérisse*, etc.; il faut que je *finisse*; il fallait que je *cousisse*, que je *prisse*, etc. etc.

Le reste en *ice : artifice, hospice, malice, nourrice, police, précipice, supplice, vice, service*, etc. etc. etc. etc. etc.

Oce et *osse*. Les mots en *oce* sont : *négoce, noce, sacerdoce; atroce, féroce, précoce* et *véloce*. *Osse* règne dans les autres mots : *brosse, crosse, fosse, j'adosse*, je *désosse*, etc. etc. etc.

Uce et *usse*. Tous les noms, excepté *astuce* (finesse), *puce*, il *suce*, et dérivés, sont en *usse* : la *Prusse;* il était bon que je *lusse*, que je le *susse*, etc. etc.

Ail et *eil; aille* et *eille*. Tous les noms masculins sont en *ail* et en *eil*; tous les noms féminins, en *aille* et en *eille*.

ail : Le *détail*, le *travail*, un joli *éventail*, etc. etc.; *aille* : La *muraille*, la *taille*, la *paille*, etc. etc.
eil : Le *conseil*, le *soleil*, l'*appareil*, le *méteil*, etc. etc.; *eille* : L'*oreille*, la *treille*, la *veille*, etc. etc.

Air, aire, er (R sonnant), *ère* et *erre*. Les mots à R sonnant sont : *belvéder, cancer, enfer, éther*, le *fer, frater, hier, hiver, Jupiter, Lucifer, magister*, la *mer* (Océan), un *ver* (insecte); *amer, cher, fier* (adjectifs.) Ajoutez y : le *Cher* et la *Roër* (rivières).

Les mots en *erre* se réduisent à : la *guerre*, la *terre*, le *tonnerre, verre* (de vitrier), une *serre*, un *cimeterre* (coutelas), *Pierre* (nom commun ou propre), *lierre, équerre;* il *erre*, il *ferre* un cheval, et leurs dérivés *aguerrir, Angleterre*, département du *Finisterre, parterre, atterrer, enterrer, déterrer*, etc. etc. etc.

Voici les mots en *ère :*

Aiguière.
Ardoisière.
Bandouillère.
Banniere.
Baptistère (où l'on baptise).
Barrière.
Bière (à boire ou de mort).
Carrière.
Cerbere.
Chaudière.
Chenevière.
Chère (festin).
Chocolatière.
Crémaillère.
Clystère.
Cimetière.
Civière.
Clairière.
Cratère.
Ère (époque).
Fougère.
Frontière.
Gouttière.
Ne... *guère* (peu).
Un pauvre *hère.*
Jachère.
Jarretière.
Lanière.
Lisière.
Litière.
Lumière.
Melonnière.
Minière.
Monastère.
Naguère.
Dent *œillère.*
Panthère.
Père, mère, commère, ect.
Ornière.
Pépinière.
Paupière.
Poussière.
Poussinière.
Réverbère.
Rivière.
Un stère (le mètre cube).
Taupière.
Viscère.
Volière.
et
Uretère.

Ajoutez y tous les adjectifs en *fère : lanifère* (qui porte de la laine), *somnifère* (qui fait sommeiller), *sudorifere* (qui sait suer), etc. etc. etc.

Il est superflu de faire observer qu'on écrit : *artère, caractère, enchère, matière, prière, sphère, sévère, sincère, altière* (adj. fém.), etc. etc., à cause de artériel, caractériser, enchérir, matériel, prier, sphérique, sévérité, sincérité, altier.

Tous les autres mots, verbes, noms et adjectifs, et dont le nombre est considérable, sont en *aire : faire, plaire, taire; affaire, apothicaire, libraire*, un *maire* (officier civil), *notaire, secrétaire, pensionnaire, plagiaire, propriétaire, nécessaire, ordinaire, sexagénaire, septuagénaire, octogénaire, centenaire, téméraire, volontaire, vulgaire*, etc. etc. etc. etc. *Vendémiaire, brumaire, frimaire.*

L'*air*, la *chair* (carnation), l'*éclair; clair, pair* et *impair* sont les seuls mots en *air*.

Aitre et *être*. *Maître, traître, naître, paître, connaître, paraître*, et dérivés ou composés.

Le reste est en *être : être* (verbe), *bien-être, peut-être*, les *ancêtres, champêtre, fenêtre, prêtre, salpêtre*, etc. etc. etc.

Être et *ettre*. Écrivez par *ètre* tous les composés de *mètre* (mesure), tels que *baromètre, géomètre, grophomètre, myriamètre, thermomètre*, etc. etc.

25..

Écrivez par *ettre : lettre*, le verbe *mettre*, et ses composés *omettre*, *permettre*, *commettre*, *promettre*, *démettre*, *soumettre*, *transmettre*, etc. etc. etc.

Al, el, il ; ale, èle, ile. (*Voyez* les adjectifs de cette terminaison, page 18 et 19).

Les noms masculins sont en *al : amiral*, *bocal*, *canal*, *cheval*, *hôpital*, *métal*, *signal*, etc. etc. (Excepté *dédale*, *mâle*, *râle* et *scandale*).

Les noms féminins sont en *ale : cabale*, *cale*, *cavale*, *gale*, *tymbale*, etc. etc. etc.

(Le L double dans : une *balle*, une *dalle*, noix de *galle*, *halle* (grande place), une *malle*, une *stalle*, et dérivés ou composés il *emballe*, il *installe*. On écrit aussi : un long *intervalle*.

(*Voyez* les noms en *el* ou *èle*, page 179 ; ceux en *il* ou *ile*, page 173).

Ol, ole, olle ou *aule*. Excepté *contrôle*, *môle* et *rôle*, les noms masculins sont en *ol* : *bémol*, *caracol*, *entre-sol*, le *sol* (terrain), le *vol*, le *viol*, etc. etc.

Les noms féminins sont en *ole : boussole*, *geole*, *métropole*, *obole*, *parole*, la *sole*, la *tôle*, etc. etc. etc.

On écrit : la *gaule*, un *saule*, l'*épaule* et le chat *miaule*.

Le L double dans *colle* et dérivés.

Ule, ule et *ulle*. Les noms masculins sont en *ul*, les féminins sont en *ule*.

ul : Calcul, *consul*, *cul*, *recul*, etc. (Excepté en : *crépuscule*, *opuscule*, *préambule*, *scrupule* et *vestibule*).

ule : Bascule, *canicule*, *canule*, *crapule*, *férule*, *matricule*, etc. etc. (Écrivez au masc. et au fém. : *crédule* et *ridicule*, adjectifs).

Le L double dans une *bulle* du pape, une chose *nulle*, il *annulle*.

Amme et *ame*. Tous les noms en *gramme* doublent le M : *anagramme*, *épigramme*, *programme*, *myriagramme*, etc. etc. Ajoutez y : *flamme*, il *enflamme*, et le nom *femme* qu'on prononce *famme*.

Le reste est en *ame : âme*, *amalgame*, *dame*, *lame*, *rame*, *trame*, etc. etc. etc.

Ance, *ence ; anse*, *ense*. Les noms sont en *ance*, quand ils viennent des verbes ; en *ence*, quand ils n'en viennent pas.

On écrit : *Alliance*, *vengeance*, *reconnaissance*, etc. etc., à cause de *allier*, *venger*, *reconnaître*.

Et : *Clémence*, *prudence*, *éloquence*, *urgence*, etc. (*Voyez* les exceptions, page 187).

Voici les mots en *anse : anse* de panier, *danse*, *contredanse*, *panse*, *transe*, il *panse* ma blessure.

Voici ceux en *ense : défense*, *dépense*, *dispense*, *offense*, *récompense ; intense* et *immense*, adjectifs ; il *encense*, il *pense* (réfléchit), et dérivés, il *dépense*, *dispense*, *récompense*, etc. etc. etc.

Terminez par SE : *averse*, *controverse*, une *herse*, la *Perse* (royaume), *traverse*, *réponse*, *entorse*, *bourse* et *course ; gousse*, une *housse*, *mousse* (adj. et nom), *secousse* et *trousse ; valse ;* les adjectifs féminins *éparse*, *diverse*, *perverse*, etc. ; le reste en *ce : farce*, *commerce*, *annonce*, *quinconce*, *ronce*, *force*, *pouce*, *source*, etc. etc.

Cer, *ser* et *sser*. Les verbes en *cer* se réduisent à : *agacer*, *effacer*, *glacer*, *grimacer*, *lacer* avec un lacet, *menacer*, *placer*, *tracer ; dépecer*, *acquiescer*, *avancer*, *fiancer*, *lancer*, *sérancer* le chanvre, *commencer*, *ensemencer*, *cadencer*, *farcer*, *bercer*, *commercer*, *exercer*, *gercer*, *percer*, *tiercer*, *amorcer*, *divorcer*, *écorcer*, *forcer*, s'*efforcer*, *évincer* (déposséder), *pincer*, *rincer*, *annoncer*, *dénoncer*, *prononcer*, *renoncer*, *saucer* et *sucer*. (On sent bien que les primitifs ou dérivés prennent aussi le C : *glace*, *trace*, *pièce*, *commencement*, *semence*, *exercice*, etc.).

Les autres verbes sont en *ser* après une consonne, et en *sser* après une voyelle.
Écrivez donc : Pen*ser* (réfléchir), offen*ser*, dispen*ser*, ver*ser*, etc. etc.
Et : Cha*sser*, embra*sser*, la*sser* (fatiguer), pre*sser*, esqui*sser*, ado*sser*, etc. etc. etc.

Con, *son* et *sson*. **Les noms en *çon* se réduisent à : *arçon*, *caleçon*, *caparaçon*, *colimaçon*, *étançon*, *façon*, *garçon*, *glaçon*, *hameçon*, *leçon*, *limaçon*, *maçon*, un *pinçon* (peau pincée), *poinçon*, *rançon*, *séneçon*, *soupçon*, *tronçon*, *suçon*, et leurs dérivés *contrefaçon*, *façonner*, *soupçonner*, etc.**

Le reste en *son* : Pin*son* (oiseau), ur*son*, boi*sson*, poi*sson*, moi*sson*, nourri*sson*, etc. etc. etc. etc. etc.

Ène et *enne*. Les mots en *enne* sont : *antenne*, *antienne*, *étrenne*, *couenne* de lard; *garenne*, *méridienne* et un *renne* (animal); les adjectifs féminins : *ancienne*, *moyenne*, etc.; ils *prennent*, ils *viennent*, ils *tiennent*; la forêt des *Ardennes* et la *Maïenne* (rivière).

Le reste est en *ène* : *scène*, *obscène*, un *pène* de serrure, etc. etc.

(*Voyez* les noms en *aine* et en *eine*, page 189).

Eu, *eux* et *œu*. Tous les noms masculins sont terminés en *eu* : l'*aveu*, le *feu*, le *jeu*, le *lieu*, etc. etc. etc.

Eux est affecté aux adjectifs : heur*eux*, ambiti*eux*, vertu*eux*, peur*eux*, etc. etc. (Excepté *bleu*).

(Au milieu des mots, on emploie toujours *eu* : am*eu*blement, dem*eu*rer, etc. Ne prononcez pas : *U*rope, *h*ureux, *mu*nier, *fu* ma mère; prononcez : *Eu*rope, h*eu*reux, m*eu*nier, *feu* ma mère, comme dans *peu*, adverbe.

On écrit par œu : *Bœuf*, *cœur*, etc. etc. etc., à cause de : Bouvier, cordial, morale, etc. Ajoutez y *sœur*.

Eui et *uei*. *Eui* et *uei* ont le même son; on ne doit pas les confondre l'un avec l'autre.

Uei ne s'emploie qu'après le C ou après le G, pour conserver à ces consonnes un son ferme, dur : acc*ueil*, rec*ueil*, c*ueil*lir, etc. etc., org*ueil*, org*ueil*leux.

Dans tout autre cas, l'E commence le son EUI : d*euil*, cerf*euil*, écur*euil*, s*euil*, etc. etc. etc.

Œil et *œillet* se prononcent *euil*, *euillet*.

Ir et *ire*. Les noms masculins et la plupart des verbes sont en IR : le *désir*, le *plaisir*, le *soupir*, etc. etc. etc.; *fuir*, *finir*, *pâlir*, faire *rouir* le chanvre, etc. etc. etc.

(*Voyez* les verbes en *ire*, page 47).

On écrit : le *délire*, l'*empire*, le *navire*, un *sbire*, un *squire*, *martyre*, *pire* (adjectifs), *sire*, un *vampire*, et quelques noms qui viennent des verbes : le *dire*, le *rire*, le *sourire*, etc.

Les noms féminins sont en *ire* : la *cire*, l'*hégire*, la *lyre*, etc. etc. etc.

Oir et *oire*. Les noms masculins et les verbes sont en *oir* : un *abreuvoir*, un *arrosoir*, *dévidoir*, *miroir*, *grattoir*, *rasoir*, etc. etc. etc.; *devoir*, *concevoir*, *prévoir*, *voir*, etc. etc. etc. (Excepté les deux seuls verbes *boire*, *croire* et composés).

Les noms féminins et les adjectifs sont en *oire* : une *foire*, la *gloire*, l'*histoire*, la *victoire*, etc. etc. etc.; *exécutoire*, *obligatoire*, *rémunératoire*, etc. etc.

Ur et *ure*. Écrivez par *ur* : *azur*, un *mur*, *sur* (préposition), et le masculin des adjectifs *dur*, *futur*, *mûr*, *obscur*, *pur*, *impur* et *sûr* (certain).

Les autres mots sont en *ure : allure*, *augure*, *culture*, *ligature*, *peinture*, etc. etc. etc. ; *conclure*, *exclure*, il *procure*.

O, *os*, *ot*, *au*, *aud*, *aut*, *aux*, *eau*. Voici les principaux mots en *o : agio*, *cacao*, *domino*, *écho*, *embargo*, *haro*, *indigo*, *numéro*, *quiproquo*, *vertigo*, *zéro ;* ajoutez y quelques noms propres : *Clio*, *Clotho ;* le *Pô*, le *Tanaro* (rivières), *Marengo* (champ de bataille), et quelques termes d'imprimerie ou de musique, tels que *in-folio*, *in-octavo*, *in-quarto*, *recto*, *verso*, etc. etc. ; *adagio*, *allegro*, *andantino*, *piano*, *solo*, etc.

(*Voyez* les mots en *os*, en *ot* et en *aut*, page 183, 184).

Les seuls mots en *aud* sans dérivés sont : *crapaud* et *réchaud*. (On écrit *nigaud* de *nigaude*, *échafaud* de *échafauder*).

Voici les principaux mots en *au : boyau*, *hoyau*, *joyau*, *noyau*, *tuyau ; étau* de serrurier et *préau*.

Ceux en *aux* sont : la *chaux*, *faux* (dans tous les sens), *taux*, et le pluriel de la plupart des noms en *al* ou *ail :* des *bocaux inégaux*, des *émaux* précieux, etc.

Tous les autres noms dont le nombre est considérable, sont terminés en *eau : agneau*, *anneau*, *beau bateau*, *berceau*, *boisseau*, *fardeau*, *nouveau*, *ruisseau*, un *seau d'eau*, une *peau* de *veau*, etc. etc. etc., et dérivés ou composés, comme *beauté*, *beaucoup*, *nouveauté*, *peaussier*, se *veautrer*, etc.

Remarque importante. Le son *o* se rend au milieu des mots par *o* ou par *au*. Ce ne peut jamais être *eau* (1).

Quand le son *o* est *pur*, *sonore*, on le rend par *o ;* quand il est *sourd* ou *mixte*, on le rend par *au*.

Écrivez donc : Joli, odorat, otage, politesse, un roc, solidité, etc. etc.
Et : *Jau*ne, *au*dace, *au*tel d'église, ép*au*le, une voix r*au*que, un s*au*le, etc. etc.

En général, *au* est plus usité que *o* dans le corps des mots.

(*Voyez* page 153, les mots à *ô* circonflexe, et dont le son paraît un peu sourd).

Sion, *ssion*, *tion*, *ction* et *xion*. Terminez par *sion* tous les mots où le son *cion* est précédée de L ou de R.

L : { Émul*sion*. Impul*sion*. Expul*sion*, etc.

R : { Aver*sion*. Disper*sion*. Diver*sion*. Submer*sion*, etc.

Cinq exceptions : *assertion*, *désertion*, *insertion*, *portion* et *proportion*.

Doublez le S dans les mots suivants :

Cession et composés *accession*, *concession*, *intercession*, *procession*, *rétrocession* et *succession*.

Mission, *admission*, *commission*, *démission*, *émission*, *intermission*, *omission*, *permission*, *rémission* et *soumission*.

Pression, *compression*, *dépression*, *expression*, *impression*, *oppression*, *répression* et *suppression*.

Agression, di*gression*, pro*gression* et trans*gression*.

Concussion, dis*cussion*, per*cussion* et réper*cussion*.

Confession et *profession*.

Jussion.

Passion et *compassion*.

Scission.

(1) L'usage a proscrit l'*e muet* dans *pseaume*, qu'on écrit aujourd'hui *psaume*. La ville de *Meaux* est la seule exception que je connaisse à cette règle.

Session d'une assemblée (le temps qu'elle siège), *dépossession*, *possession* et *obsession*.

On écrit *scion* (rejeton) et *suspicion*.

Terminez en T tous les autres noms, au nombre de plus de 700 :

ATION.	ÉTION.	ITION.	OTION.	UTION.	CTION.	ENTION.	PTION.
Abréviation.	*Discrétion.*	*Addition.*	*Dévotion.*	*Contribution.*	*Action.*	*Attention.*	*Description.*
Désolation.	*Répétition.*	*Condition.*	*Notion.*	*Exécution.*	*Affliction.*	*Dissention.*	*Perception.*
Occupation, etc.	*Sujétion*, etc.	*Perdition*, etc.	*Promotion*, etc.	*Précaution*, etc.	*Construction*, etc.	*Prévention*, etc.	*Interruption*, etc. etc. etc.

Exceptez en seulement,

1°. *Connexion*, *complexion*, *flexion*, *fluxion*, *Ixion*, et dérivés *génuflexion*, *inflexion* et *réflexion*, qui réclament le X.

2°. Les six mots suivants en *ension*, qui réclament le S : *ascension*, *dimension*, *extension*, *pension*, *suspension*, *appréhension*. (On écrit *expansion* par *a*, à cause de *répandre*, le seul verbe en *endre* qui prenne *a*).

REMARQUES PARTICULIÈRES.

Quand faut-il écrire CE ou SE ?

RÈGLE. *Ce* est toujours suivi d'un *nom* (ou d'un adjectif et d'un nom) : ce livre, ce bon livre.

SE est toujours suivi d'un verbe : *se* lasser, il *s'*est tué.

La vertu *s'*avilit à *se* justifier. (Voltaire.)

Exception. On emploie *ce* avec *être*, seulement quand ce verbe est suivi d'un *nom*, d'un *pronom* ou d'un *adjectif* ; exemples :

*C'*est *Louis*. *C'*est *lui*. *Ce* sont *mes amis*. *Ce* sont *elles*. *C'*est *bon*. *C'*étaient *mes ancêtres* qui, etc.

Quand faut-il écrire CES ou SES ?

RÈGLE. Il suffit de replacer au singulier le nom que *ces* ou *ses* accompagne.

Le sens amène-t-il au singulier, *ce*, *cet*, *cette ?* employez son pluriel CES.

Le sens amène-t-il au singulier *son* ou *sa ?* employez son pluriel SES.

Écrivez : Ces *enfants me plaisent*, si le sens que vous avez en vue amène *au singulier :* Cet *enfant* (l'enfant que voilà), *me plait*.

Et : Ses *enfants me plaisent*, si le sens que vous avez en vue amène *au singulier :* Son *enfant* (l'enfant *de lui*, *d'elle*), *me plait*.

Écrivez :
- *Un père aime* ses *enfants*, parce que le sens amène *au singulier : un père aime* son *enfant*.
- *Voilà* ses *torts*, parce que le sens amène *au singulier : voilà* son *tort*, (le tort *de lui*, *d'elle*).
- *Chaque âge a* ses *plaisirs*, parce que le sens amène *au singulier* : *chaque âge a* son *plaisir*.

Quand faut-il écrire *aux* ou *eaux* au pluriel ?

RÈGLE. Le singulier est-il en *ail* ou en *al*, comme : un *bail*, un *mal général ?* écrivez au pluriel *aux* sans E : des *baux*, des *maux généraux*.

Le singulier est-il en *eau*, comme : un *beau hameau ?* écrivez nécessairement *eaux* au pluriel : de *beaux hameaux*. (Les mots où le son *final* au domine au singulier, se rendent presque tous par *eau*).

DE QUELQUES VOYELLES.

*De l'*E *muet nul.*

L'E muet est nul,

1°. Dans : j'ai *eu*, tu as *eu*, etc., qu'on prononce : j'ai *u*, tu as *u*.

2°. Quand il sert à adoucir le G : bourgeois, il songea, nous jugeâmes, etc.

3°. Dans les futurs et dans les conditionnels-présents des verbes de la *première* conjugaison en ER, notamment dans les verbes en *eer*, *ier*, *ouer*, *uer*, *yer* : je suppléerai, je suppléerais ; — tu oublieras, tu oublierais ; — il échouera, il échouerait ; — nous contribuerons, nous contribuerions ; — vous paierez, vous paieriez ; — ils nétoieront, ils nétoieraient, etc. etc.

4°. Dans les noms en *ment* qui viennent des verbes en YER :

abo*y*er, pa*y*er,
aboiement, paiement.

(On retranche l'*e muet* avant *ment*, dans les noms qui viennent des verbes en *ier*, *ouer* et *uer* : *maniment* de *manier* ; — *dénoûment* de *dénouer* ; — *dénûment* de *dénuer*.

Plusieurs écrivent aussi : *aboiment*, *paiment*, et ils n'ont pas tort.)

*De l'*I *nul.*

L'I est nul dans : enco*i*gnure, menu*i*sier, po*i*gnet, po*i*gnée, po*i*gnard.

AI.

Ai se prononce comme un *é fermé*, dans j'*ai* venant d'*avoir*, dans les passés définis des verbes de la première conjugaison : je *chantai*, je *priai*, etc. ; dans les futurs des deux conjugaisons : je *prierai*, je remédier*ai*, je mettr*ai*, je vendr*ai*, je recevr*ai*, etc., et dans un cheval *bai*, je s*ais*, tu s*ais*, il s*ait*.

Ai sonne comme un *e muet* dans : je f*ai*sais, bienf*ai*sance, (je fesais, bienfesance).

Hors de là, *ai* a presque le son d'un *è ouvert* : bal*ai*, dél*ai*, ess*ai*, g*ai*, vr*ai*, etc. ; engr*ais*, jam*ais*, pal*ais*, fr*ais*, etc. ; je chant*ais*, je finiss*ais*, je chanter*ais*, etc. ; l*ait*, souh*ait*, portr*ait*, etc.

AO.

L'O est nul dans : faon, pa*on*, La*on* (ville), Prononcez : *fan*, *pan*, *lan*. *Caen* se prononce *Can*.

L'A est nul dans : *a*oût, S*a*ône (rivière), et t*a*on (mouche). Prononcez : *oût*, *sône*, *ton*.

OI.

oi a presque le son de *oà*.

		se prononcent :
L*oi*,		Loà.
Cr*oi*re,		Croàre.
Cr*oî*tre,		Croàtre.
Dr*oi*te,		Droàte.
Endr*oi*t,		Endroàt.
Il faut que je s*oi*s,		Il faut que je soàs.
R*oi*de,	dans le discours soutenu,	Roàde.
R*oi*deur,	dans le discours soutenu,	Roàdeur.
R*oi*dir,	dans le discours soutenu,	Roàdir.

FIN.

PREMIER TABLEAU.

Des mots homonymes,

C'est-à-dire des mots qui, offrant le même son à l'oreille, présentent une signification différente.

1. *Ah!* signe de douleur ou de joie : *Ah!* quelle perte! *Ah!* quel bonheur!	1. *Ha!* marque la surprise : *Ha! ha!* vous vous êtes levé bien matin!
2. *Air* qu'on respire.	2. *Aire*, nom fém. Sol, surface d'une grange ou nid de l'aigle.
3. *Alène* de cordonnier, de bourrelier, etc.	3. *Haleine*. Perdre, reprendre *haleine*.
4. *Amande*, fruit.	4. *Amende*, peine pécuniaire.
5. *Ancre* de vaisseau.	5. *Encre* pour écrire.
6. *Appas*, charmes, attraits.	6. *Appât*, amorce, pâture, tout ce qui séduit.
7. *Auspice*. L'année commence sous les plus heureux auspices.	7. *Hospice*, hôpital, lieu où l'on donne l'hospitalité.
8. *Autel* d'église.	8. *Hôtel*, maison.
9. *Auteur* d'un ouvrage.	9. *Hauteur*, n. f., élévation.
10. *Bailler à ferme*, terme de notaire. (Hors de là, servez vous de donner; dites : *Donnez moi celà*, et non pas : *Baillez moi celà.*)	10. *Bâiller*, ouvrir la bouche.
11. *Balai* pour balayer.	11. *Ballet*, danse.
12. *Banc*, siège.	12. *Ban*, publication.
13. *Bête*, animal, personne stupide.	13. *Bette*, poirée.
14. *Bout*, extrémité.	14. *Boue*, n. f., fange.
15. *Cahot* d'une voiture.	15. *Chaos*, confusion.
16. *Censé*, réputé. Il est *censé* avoir donné sa démission.	16. *Sensé*, plein de bon sens.
17. *Centaine*, un cent.	17. *Sentène*, endroit par où l'on commence à dévider un écheveau.
18. *Cerf*, animal.	18. *Serf*, esclave.
19. *Chêne*, arbre.	19. *Chaîne*, n. f. de fer.
20. *Chère*, repas.	20. { *Chair*, n. f., substance molle. *Chaire* d'église ou de professeur.
21. *Chœur* de musique.	21. *Cœur*, partie du corps, courage, etc.
22. *Clause*, article, condition d'un acte, d'un contrat.	22. *Close* de clos : Une bouche *close*.
23. *Conte*, de conter, raconter.	23. { *Compte*, de compter, calculer, croire. Je *compte* sur vous. *Comte*, titre d'honneur dans certains états.
24. *Cor* de chasse, *cor* aux pieds.	24. *Corps*, tout ce qui est matière.
25. *Cote*, marque numérale des pièces d'un procès, d'un inventaire. Pièces *cotées* et paraphées.	25. { *Côte*, os courbé et plat; penchant d'une montagne. *Cotte* d'armes. *Quote*-part, écot.
26. *Cou*, partie du corps.	26. *Coup*. Donner, recevoir des *coups*.
27. *Cygne*, oiseau.	27. *Signe*, marque.
28. *Danse*, l'action de danser.	28. *Dense*, adj.; un air *dense*, épais.
29. *Date* d'une lettre. Votre lettre est *datée* du...	29. *Datte*, fruit du palmier.
30. *Dégoûter*, faire perdre le goût.	30. *Dégoutter*, tomber goutte à goutte.
31. *Dessein*, intention, projet; Former, exécuter un *dessein*.	31. *Dessin* de dessiner.
32. *Don*, présent, cadeau.	32. { *Dont*, de qui. *Donc*, conjonction pour conclure.
33. *Écho*, répétition de son.	33. *Écot*, quote-part. Chacun a payé son *écot*.
34. *Eh!* cri de douleur; *Eh!* puissé-je en douter	34. *Hé!* pour appeler; *hé!* viens donc.

35. *A l'envi*, expression adverbiale, avec émulation, à qui mieux mieux : Nous travaillerons *à l'envi*.
36. *Enter*, greffer.
37. *Exaucer* : Dieu, *exaucez* moi.
38. *Faîte*, sommet : le *faîte* d'un édifice, des honneurs.
39. *Foi*, croyance.
40. *Fond*, profondeur : le fond d'un puits.
41. *Gaî*, joyeux.
42. *Gale*, maladie.
43. *Goutte* d'eau.
44. *Guère*, *ne...guère* peu : je n'ai *guère* d'espoir.
45. *Haire*, n. f., chemise de crin.
46. *Hérault* d'armes, qui fait une proclamation.
47. *Hôte*, hôtesse.
48. *Jeune*, adj., qui n'est pas vieux.
49. *Lac*, amas d'eau.
50. *Leur*, pronom indirect, signifiant *à eux* ou *à elles*.

Je n'ai pas vu vos { frères, sœurs, } mais je LEUR *ai écrit*.

(Ce pronom, quoique relatif à un pluriel, ne prend jamais le S.)

51. *Lieu*, endroit.
52. *Lion*, animal.
53. *Lire*, verbe.
54. *Malle*, n. f., coffre.
55. *Marc* de raisins.
56. *Mer*, Océan.
57. *Moi*, pronom.
58. *Mets* qu'on mange.
59. { *Mille*, adj. numéral, et dès-lors invariable, dix centaines : *Mille* individus, trois *mille* hommes. *Mille*, n. m., distance, tiers de lieue ou environ.
60. *Mode*, n. m., terme de grammaire, manière d'envisager les temps.
61. *Môle*, jetée de pierres ou masse de chair informe.
62. *Moue*, grimace : faire la moue.
63. *Mur*, muraille.
64. Il *naît* de naître : il *naît* annuellement en France plus d'un million d'enfants.
65. *Oh!* marque l'admiration : Oh! que cela est beau.
66. *Oui*, l'opposé de non.
67. *Pain* qu'on mange.
68. *Palet*, jeu.
69. *Paon*, oiseau.
70. { *Parce que*, en deux mots, conjonction : Je ne sortirai point, *parce que* je suis malade.

35. *Envie* d'envier : Les grands hommes sont exposés *à l'envie*.
36. *Hanter*, fréquenter. (*Hanter* est peu usité.)
37. *Exhausser* un mur, l'élever, le rendre plus *haut*.
38. { *Fête*, n. f., jour de repos. *Faite*, féminin du part. passé *fait* : ma besogne est *faite*.
39. { *Foie*, n. m., partie du corps. *Fois*, une fois, deux fois.
40. *Fonds*, terrain, argent, capacité.
41. { *Guet*, être au *guet*, guetter. *Gué*, endroit peu profond d'une rivière.
42. *Galle*, noix de *galle* qui entre dans la composition de l'encre.
43. *Goute*, maladie.
44. *Guerre*, n. f., hostilités.
45. *Hère*, n. m., terme de mépris : c'est un pauvre *hère*.
46. *Héros*, homme qui s'est illustré par ses belles actions.
47. *Hotte*, n. f., panier d'osier.
48. *Jeûne*, n. m., abstinence.
49. *Lacs*, lacets, filets. (Le C est nul; le S sonne.)
50. *Leurs*, pluriel de l'adjectif-possessif *leur* : *LeurS* amirAUX, leur amiral; *leurS* enfantS, leur enfant.

51. *Lieue*, n. f., distance.
52. *Lyon*, ville.
53. *Lyre*, instrument de musique.
54. *Mâle* : Le *mâle* et la femelle.
55. *Mare* d'eau.
56. { *Mère*, qui a des enfants. *Maire*, n. m., officier civil.
57. *Mois* de l'année.
58. { *Mais*, conjonction : frappe, *mais* écoute. *Mes*, adj. possessif : *mes* beaux jours sont passés.
59. { *Mil* ne s'emploie que pour les dates : L'hiver de *mil* sept cent neuf a été cruel. En *mil* sept cent quatre-vingt-neuf commença la révolution française.
60. *Mode* : Un habit à la *mode*.
61. *Molle* de mol ou mou : Une poire *molle*.
62. { *Mou*, adj. *Moût*, vin nouveau.
63. *Mûr*, adj., en maturité.
64. Il *n'est* du verbe être : Il *n'est* point de secret que le temps ne révèle. (RACINE.)
65. *O*, suivi d'un nom, marque un vocatif, une apostrophe : *O dieux !*
66. *Ouï*, part. passé d'ouïr, entendre : J'ai *ouï* dire que, etc.
67. *Pin*, arbre.
68. { *Palais*, bel édifice. *Palais* de la bouche.
69. *Pan* de muraille ou d'habit.
70. { *Par ce que*, en trois mots, *par celà, d'après ce que*, etc. *Par ce que* (par tout ce que) vous me dites, je reconnais que c'est moi qui ai tort.

71. *Patte* d'animal.
72. *Paume*, balle pour jouer ou la paume de la main.
73. *Penser* (réfléchir), et dérivés, compenser, récompenser, dispenser, etc.
74. *Père*, qui a des enfants.
75. *Peu*, adverbe : il a *peu* d'amis.
76. { *Peut-être*, adverbe qui réclame le trait d'union (—). Il réussira *peut-être*. *Peut-être* qu'il réussira.
77. *Pêcher*, manquer : Il *pèche* par ignorance.
78. *Plan* : tracer un *plan*. Le *plan* d'un bâtiment.
79. *Poids* pour peser ou pesanteur.
80. *Poing* : Un coup de *poing*.
81. *Pot*, poterie.
82. *Pou*, vermine.
83. *Puits* d'eau.
84. *Quand*, signifiant *lorsque*, *dans le cas où*, prend un D final : *quanD* il viendra, vous m'avertirez.
85. *Quelle*, adjectif féminin :
Quelle patience ! quel courage !
86. *Quoique*, conjonction qui s'écrit d'un seul mot, réclame le subjonctif :

Je vous obligerai, *quoique* vous ne le méritiez pas.

87. *Raisonner*, faire des raisonnements.
88. *Ris*, le rire. *Ris* de veau.
89. *Rot*, sorte de boquet.
90. *Sain* : Un fruit *sain*, une poire saine.
91. *Salle*, salon.
92. *Sans*, préposition : il est *sans* ressource.
93. *Sceau*, cachet, de sceller.
94. { *Seine*, rivière.
Senne, petite rivière du dép. de la Dyle.
95. *Tache*, mal-propreté, souillure.
96. *Tante*, sœur du père ou de la mère.
97. *Taon*, mouche.
98. *Taux*, prix des denrées.
99. *Teint*, coloris du visage.
100. { *Tout*, nom indéfini : *tout* est arrangé.
Tout, adjectif : *tout* le monde.
101. *Trait*, action ou dard : C'est un *trait* à citer ; il est parti comme un *trait*.
102. *Tribut*, impôt, redevance.
103. *Vanter*, louer : il se *vante* trop.
104. *Ver*, reptile, vermisseau.
105. *Voix*, son.

71. *Pâte*, pour le pain, etc.
72. *Pomme*, fruit.
73. *Panser* (soigner) une plaie.
74. *Paire*, n. f. Une *paire* de ciseaux, de gants, etc.
(*Paire* ne se dit que de deux objets ordinairement inséparables.)
On dirait : Une *couple* d'œufs.
75. Il *peut* réussir (de *pouvoir*.)
76. Cela *peut être*, sans trait d'union.
77. { *Pêcher*, arbre.
Pêcher du poisson.
78. *Plant* de vigne.
79. { *Pois*, légume.
Poix (la), goudron.
80. *Point*, négation : Je n'en veux *point*. Le *point*-et-virgule.
81. *Peau* d'animal.
82. *Pouls*, battement des artères.
83. *Puis*, conjonction :

D'abord il s'y prit mal, *puis* un peu mieux. (La Fontaine.)

84. *Quant*, suivi de A, exprimé ou sous entendu, prend un T final : *quanT* à moi ; *quanT* aux richesses, etc.
85. *Qu' elle*, écrit en deux mots pour *que elle*. On dira de Lisette : Je veux *qu'elle* (pour *que elle*) obéisse. *Qu'elle* (pour *que*, *combien elle*) est belle !
86. *Quoi que*, écrit en deux mots, signifie *quelque chose que*.

Jamais un lourdaud, *quoi qu'il* (*quelque chose qu'il*) fasse,
Ne saurait passer pour galant. (La Fontaine.)

Crainte d'équivoque, préférez, surtout en prose, *quelque chose que* à *quoi que* séparé.

87. *Résonner*, retentir, renvoyer le son.
88. *Riz*, légume.
89. *Rôt*, rôti.
90. { *Sein*, poitrine.
Seing, signature.
Saint, sainte.
Ceint, participe passé de *ceindre*.
91. *Sale*, adj. des deux genres : *mal-propre*.
92. { *Sens*, le bons *sens*.
Cens, ancien droit, dénombrement.
93. *Seau* d'eau.
94. *Scène* de théâtre, spectacle.
95. *Tâche*, besogne : J'ai fait ma *tâche*.
96. *Tente* de camp, toile *tendue*.
97. *Ton*, adjectif-possessif ou terme de musique.
98. *Tôt*, adverbe : *tôt* ou tard.
99. *Thym*, plante odorante.
100. *Toux* (la), maladie.
101. *Très*, adv. *Très* bon, *très* certainement.
102. *Tribu*, portion d'un peuple.
103. Il *vente*, il fait du vent.
104. { *Vers*, préposition : *vers* le soir. *Vers*, poésie ; un *vers* de Racine.
Verre de vitrier.
105. *Voie*, nom féminin, chemin.

DEUXIÈME TABLEAU.

Des locutions ou manières de parler bonnes ou mauvaises (1).

Mauvaises locutions.	*Bonnes locutions.*
1. La maison, le jardin *à* Pierre. C'est à vous *à* céder. A l'avance.	1. La maison, le jardin *de* Pierre. Préférez : C'est à vous *de* céder. D'avance.
2. *A* bonne heure. *Plus à* bonne heure. Trop *à* bonne heure.	2. *De* bonne heure. *De meilleure* heure. *De trop* bonne heure.
3. Madame Viéland *a* accouché d'un garçon.	3. Madame Viéland *est* accouchée d'un garçon.
4. J'*ai* parti. rentré. sorti. tombé. On a peine à concevoir que Voltaire *ait* tombé de si haut. (La Harpe.)	4. Je *suis* parti. rentré. sorti. tombé. On a peine à concevoir que Voltaire *soit* tombé de si haut.
5. Il *a* tombé de la pluie. Il en *a* résulté que, etc. (Levizac.)	5. Il *est* tombé de la pluie. Il en *est* résulté que, etc.
6. Ils *avaient* convenu d'acheter cette maison. Nous *avions* convenu de ce qui suit. (*Convenir*, signifiant *tomber* d'accord, prend *être*.)	6. Ils *étaient* convenus d'acheter cette maison. Nous *étions* convenus de ce qui suit.
7. Il *a* passé un courrier par cette ville. (*Passer*, pris impersonnellement, prend *être*.)	7. Il *est* passé un courrier par cette ville.
8. Je suis fâché de ne m'*avoir* pas trouvé chez moi hier ; une autre fois je serai sans doute plus heureux. Je m'*ai* laissé tomber. Je m'*avais* laissé tromper. (Se *trouver* et se *laisser* sont des verbes réfléchis; ils doivent donc prendre *être* aux temps composés.)	8. Je suis fâché de ne m'*être* pas trouvé chez moi hier ; une autre fois je serai sans doute plus heureux. Je me *suis* laissé tomber. Je m'*étais* laissé tomber.
	PRÉFÉREZ :
9. L'orage *a* cessé. Les hostilités *ont* cessé.	9. L'orage *est* cessé. Les hostilités *sont* cessées.
10. Ils *sont* contrevenus à vos ordres. (*Contrevenir*, *subvenir*, et *convenir*, signifiant *accommoder*, prennent *avoir*.)	10. Ils *ont* contrevenu à vos ordres.
	PRÉFÉREZ :
11. Ils *sont* disparus. comparus. péris. Je *fus* le voir, lui parler.	11. Ils *ont* disparu. comparu. péri. J'*allai* le voir, lui parler.
12. Je *suis* été. Nous *sommes* été. (Fautes grossières; *été* appelle le verbe avoir.)	12. J'*ai* été. Nous *avons* été. Je doute qu'il ait (et non pas soit) *été* heureux.
13. Le héros expire. (Racine.) (Un héros *expire* ne peut pas plus se dire que : *Un héros triomphe*.)	13. Le héros *ayant* expiré.
	PRÉFÉREZ.
14. Mon unique consolation est la philosophie et l'amitié.	14. La philosophie et l'amitié sont mon unique consolation.
15. Une faute Une chose Une affaire Une dépense *conséquente*. (Fautes bien fréquentes (2). Un bien *conséquent*.	15. Une faute *grave*. Une chose Une affaire *importante*. Une dépense Un bien *considérable*.

(1) J'ai consulté pour la formation de ce tableau une foule de grammairiens et surtout Boinvilliers. L'expérience m'a prouvé que l'exposition des vices de langage est préférable aux règles mêmes, qui, quelque simples qu'elles soient, sont nécessairement abstraites. Peut-être me reprochera-t-on d'avoir relevé des fautes trop populaires ; voici ma réponse : Ce n'est point pour les gens éclairés que j'ai rédigé ces *Éléments de Grammaire française*, et mon objet sera rempli, si la classe des lecteurs à laquelle je les destine, a pu en retirer tout le fruit que j'ai osé m'en promettre. Je ne me dissimule pas non plus que quelques-uns des détails dans lesquels je suis entré, pourront paraître un peu longs. J'aurais été aisément plus précis pour un petit nombre de personnes ; mais quand on écrit pour les commençants, on doit sacrifier la prétention d'abréger à l'avantage d'instruire.

(2) *Conséquent* signifie *qui agit*, *qui raisonne conséquemment*, *qui est d'accord avec soi*. On dit : Un esprit *conséquent* (juste); — un raisonnement *conséquent*; — être *conséquent* dans sa conduite, dans ses discours, etc. etc. etc. etc.

Mauvaises locutions.	*Bonnes locutions.*
16. J'ai parlé à *chez* Louis. *Chez* mes frères vous attendent.	16. J'ai parlé à Louis. Mes frères vous attendent.
17. *Crainte de* mourir. *Crainte que* cela n'arrive. (En général, *crainte de* ou *crainte que* ne peut être suivi d'un verbe. *Crainte de* peut l'être d'un nom : *Crainte de mort.*)	17. *De* crainte de mourir. *De* crainte que cela n'arrive.
18. On a *davantage* de société à la ville *qu'*à la campagne. Rien n'étonne *davantage* les étrangers, *que* la beauté de nos grands chemins. (ROUCHER.) (*Davantage* est un adverbe, et, dès-lors, il ne peut être suivi d'un DE ni d'un QUE.)	18. On a *plus* de société à la ville qu'à la campagne. Rien n'étonne *plus* les étrangers que la beauté de nos grands chemins.
19. La Fontaine est le poète que j'aime *davantage*. *Davantage* termine ordinairement un second membre de phrase : J'aime Chloé, mais j'aime Adèle encore *davantage*.	19. La Fontaine est le poète que j'aime *le plus*. On dirait également : Ceux qui ont le moins de livres, sont quelquefois ceux qui en lisent *le plus* (et non pas *davantage*).
20. Il s'est levé *auparavant* le jour. Il veut faire son testament, *auparavant de* mourir. / *auparavant qu'*il meure. (*Auparavant* étant un adverbe, ne peut être suivi d'un DE ni d'un QUE.)	20. Il s'est levé *avant* le jour. Il veut faire son testament, *avant de* mourir. / *avant qu'*il meure.
21. ... Lui, *devant qu'*il arrive. (DELILLE, *Énéide*, l. II.)	21. Lui, *avant qu'*il arrive.
22. Il est arrivé *devant* moi. J'irai chez vous *devant* huit jours. (Quand il s'agit du temps, d'une époque, on doit toujours se servir de *avant*.)	22. Il est arrivé *avant* moi. J'irai chez vous *avant* huit jours. (*Devant* ne s'emploie que lorsqu'il s'agit de marquer *le lieu, la place* : Ne vous mettez pas *devant* moi. *Devant* s'emploie aussi dans le sens de *en présence de* : Les accusés ont comparu *devant* les juges.)
23. *Malgré qu'*il soit tard.	23. *Quoiqu'*il soit tard.
24. *En* cas qu'il meure. (*En cas* appelle un nom : En cas de *mort.* / *malheur.*)	24. *Au* cas qu'il meure.
25. *Durant qu'*on le peut.	25. *Tandis* / *Pendant* *qu'*on le peut.
26. Ma vie *durante*.	26. Ma vie *durant*. (*Durant* est une préposition placée après son complément.)
27. La maison (*famille*) D'OÙ je sors. (On n'emploie *d'où* qu'en parlant d'un lieu.)	27. La maison (*famille*) DONT je sors.
28. La maison (*bâtiment*) DONT je sors.	28. La maison (*bâtiment*) D'OÙ je sors.
29. Il s'apprête à mourir, plutôt *qu'à* se venger. (DELILLE, *Énéide*, liv. 2.) (*Plutôt* appelle DE ; on dit : *plutôt que de*, comme on dit : *au lieu de*.)	29. Il s'apprête à mourir, plutôt *que de* se venger.
30. Nous sommes plus D'à moitié ruinés. La course de nos ans est plus D'à demi faite. Cet enfant a plus (ou moins) DE sept ans. J'ai passé plus D'une heure avec lui.	30. Nous sommes plus *qu'*à moitié ruinés. La course de nos ans est plus *qu'*à demi faite. (RACAN.) Cet enfant a plus / moins *que* sept ans. J'ai passé plus *qu'*une heure avec lui.
31. Rendez vous donc plus *de* justice. Il a plus *de* tort que vous.	31. Rendez vous plus justice. Il a plus tort que vous.
32. Lequel des deux, *de* Cicéron ou *de* Démosthènes, est le plus éloquent ? (Il faut retrancher le double DE, ainsi que dans le second de ces deux vers : Que devons-nous chérir et révérer le plus / Ou *de* votre justice ou *de* votre vaillance ? (DELILLE, *Énéide*, l. II.) On ne dirait pas : Devons-nous plus chérir *de* votre justice que *de* votre vaillance ?)	32. Lequel des deux, Cicéron ou Démosthènes, est le plus éloquent. (Mais il faudrait dire : *Duquel des deux*, DE *Cicéron ou* DE *Démosthènes, avez-vous emprunté cette comparaison ?* C'est-à-dire, vous avez emprunté cette comparaison de qui ? *de* Cicéron ou *de* Démosthènes : on voit qu'ici le DE est obligatoire, au lieu qu'il serait vicieux dans la phrase énoncée plus haut.

Mauvaises locutions.

33. Je ne sais qui, lequel, *de* Mirabeau ou *de* moi, a dit que la roche tarpéienne est près du Capitole.

34. Qu'importe qui les mange (*les moutons*), ou D'Hercule ou DES loups? (VOLTAIRE.)

(On ne dirait pas : *Qu'importe que D'Hercule mange les moutons?*)

35. *Il est* l'heure du rendez-vous. *Il est* aujourd'hui le deux du mois.

36. *Il est* dommage que, etc. Sur *les* midis.

37. Voilà { *du* bon pain. / *de la* bonne viande.

(Quelques grammairiens justifient ces locutions; c'est, je crois, à tort. On ne dit pas : *Voilà* DES *bonnes gens.*)

38. Ne présentez jamais DES basses circonstances.

39. Vous avez de vieilles tapisseries, et moi j'en ai DES modernes.

40. *Des* anciennes mœurs, un long usage de la pauvreté rendaient à Rome les fortunes à peu près égales.

41. Je ne vous ferai point *de* reproches frivoles.
N'associez pas (*ou* jamais) *de* choses incompatibles.
On aime peu *d'*enfants indociles.
On ne peut qu'estimer beaucoup *de* personnes vertueuses.

(Dans chacune de ces phrases, il faut DES, parce que *point*, *pas*, *jamais*, *peu* et *beaucoup* tombent sur le verbe; au lieu qu'on dirait :

Il n'est point *de* degré du médiocre au pire. (BOILEAU.)
Un voyageur a beaucoup *d'*hôtes et peu *d'*amis. (SÉNÈQUE.)

parce qu'ici *point*, *beaucoup* et *peu* ne tombent pas exclusivement sur le verbe.)

42. *C'est* eux qui ont bâti ce superbe labyrinthe. (BOSSUET.)
C'est mes affaires. *Ce n'est* pas mes affaires.
C'est des bonnes gens. *C'était* mes sœurs. *C'était* elles ou eux.
C'est deux heures qui sonnent. *Est*-ce deux heures qui sonnent?

43. Lesquels *est-ce* qui ont tort? (Faute grave.)

44. *C'est* ma sœur qui était malade. *Ce sont* eux qu'on attendait.

45. *C'est* ma sœur qui se trouva mal.

46. *Sont-ce* les mauvais ouvrages qui vous formeront le cœur et l'esprit?

47. *Hors de* faire cela, *hors que* vous fassiez cela, vous ne réussirez point.

48. Il a { failli / pensé / manqué } DE tomber. Je me rappelle DE l'avoir vu.

49. Pincer *de* la harpe, *de* la guitare; battre *du* tambour; toucher *de* l'orgue, *du* forté-piano.

50. Acheter bon marché. Atteindre le but.

Bonnes locutions.

33. Je ne sais qui, lequel, Mirabeau ou moi, a dit que la roche tarpéienne est près du Capitole.

34. Qu'importe qui les mange, Hercule ou / ou bien les loups?
Ce vers de la Fontaine est régulier :
Qu'importe qui vous mange, *homme* ou *loup*.
(C'est-à-dire : Qu'importe *qu'un homme* ou *qu'un loup* vous mange?)

35. { C'est / Voici } l'heure du rendez-vous. *C'est* aujourd'hui le deux du mois.

36. C'est dommage que, etc. *Vers* midi.

37. Voilà { *de* bon pain, / *de* bonne viande, } comme on dit : Voilà DE bonnes gens.

38. Ne présentez jamais *de* basses circonstances. (BOILEAU.)

39. Vous avez de vieilles tapisseries, et moi j'en ai DE modernes.

40. *D'*anciennes mœurs, un long usage de la pauvreté rendaient à Rome les fortunes à peu près égales.

41. Je ne vous ferai point *des* reproches frivoles. (RACINE.)
N'associez pas (*ou* jamais) *des* choses incompatibles.
On aime peu *des* enfants indociles.
On ne peut qu'estimer beaucoup *des* personnes vertueuses.

42. *Ce sont* eux qui ont bâti ce superbe labyrinthe.
Ce sont mes affaires. *Ce ne sont* pas mes affaires.
Ce sont de bonnes gens. *C'étaient* mes sœurs. *C'étaient* elles ou eux.
Ce sont deux heures qui sonnent. *Sont-ce* deux heures qui sonnent?
Dites : Deux choses perdent les hommes : CE SONT *l'abondance* des paroles *et l'abondance* des richesses.

43. *Quels sont ceux* qui ont tort?

44. *C'était* ma sœur qui était malade. *C'étaient* eux qu'on attendait.

45. *Ce fut* ma sœur qui se trouva mal.

46. *Seront-ce* les mauvais ouvrages qui vous formeront le cœur et l'esprit?

47. Préférez : *A moins que* vous ne fassiez cela, vous ne réussirez point.

48. Il a { failli / pensé / manqué } tomber. Je me rappelle l'avoir vu.

49. Pincer la harpe, la guitare; battre le tambour; toucher l'orgue, le forté-piano.

50. Acheter *à* bon marché. Atteindre *au* but. La Harpe a dit : *Le but est rempli.*

Mauvaises locutions.	Bonnes locutions.
51. Aider *aux* pauvres. (On peut dire : Aider *à* quelqu'un *à* se relever. Le vin aide *à* la digestion.)	51. Aider les pauvres (les secourir.)
52. Consoler la douleur de quelqu'un.	52. Consoler *une personne affligée*, ou : *calmer, apaiser, flatter, amuser* la douleur de quelqu'un.
53. Croire *à* un voyageur. Insulter *à* quelqu'un. Applaudir *à* un orateur.	53. Croire un voyageur. Insulter quelqu'un. Applaudir un orateur.
Croire un récit. Insulter le malheur de... Applaudir un discours.	Croire *à* un récit. Insulter *au* malheur de... Applaudir *à* un discours.
54. Demander *excuse*.	54. Demander *pardon. Faire, présenter* ses excuses.
55. *Se* donner des soins. (On peut dire : *Donner, prodiguer* des soins à....)	55. Se donner *des peines* ou *prendre* des soins.
56. *Échapper* d'une maladie.	56. *Réchapper* d'une maladie. (Style familier.)
57. *Élever* les yeux. *Éviter* de la peine à quelqu'un.	57. *Lever* les yeux. *Épargner* de la peine à quelqu'un.
58. *Gagner* un combat, une victoire.	58. On dit : *Gagner une bataille* et *remporter une victoire ;* mais on ne dit pas : *Gagner un combat, une victoire.* Prenez un autre tour, tel que : *Sortir victorieux* d'un combat.
59. Gravir un roc, un côteau. *Tirer* un extrait de naissance.	59. Gravir *contre* un roc, *sur* un côteau. *Lever* un extrait de naissance.
60. *Imiter* l'exemple de quelqu'un. (Faute bien ordinaire.)	60. *Suivre* l'exemple de quelqu'un. (Un maître d'écriture peut seulement dire à son élève : *Imitez* CETTE *exemple.* Exemple est du féminin dans ce sens-là.)
61. Lire *sur* un contrat, *sur* un livre.	61. Lire *dans* un contrat, *dans* un livre.
62. Observer à quelqu'un. Je vous observe que... (*Observer* signifie *considérer ;* or, on ne peut pas dire : *Je considère à* cette personne, etc. *Je vous considère que*, etc.)	62. *Faire* observer à quelqu'un. Je vous *ferai* observer que... Vous observerez que...
63. *Offrir* un culte à Dieu. *Rejetez* toute haîne.	63. Préférez : *Rendre* un culte à Dieu. Dites : *Abjurez* toute haîne.
64. Pénétrer une enceinte. *Traverser* un pont.	64. Pénétrer *dans* une enceinte. *Passer* un pont.
65. *Rendre* un bienfait. *Remplir* sa haîne.	65. *Accorder, payer* un bienfait. *Satisfaire, assouvir* sa haîne.
66. Renoncer le jeu, la partie. Saigner *au* nez, *par* le nez.	66. Renoncer *au* jeu, *à* la partie. Saigner *du* nez, *dans tous les sens.*
67. Il *reste* bien à venir. Où restez-vous *pour* : Où logez-vous ?	67. Il *tarde* bien à venir. (On dirait : *Il me tarde de* le voir.) Où *logez*-vous ? Où *demeurez-vous* ?
68. Retrancher un couplet *à* une chanson.	68. Retrancher un couplet *d'*une chanson. (On dit : « Retrancher la portion *à* un malade ».)
69. L'art d'aimer. (On dirait bien : *L'art de plaire*, parce que *plaire* est un *art*, ou du moins peut être *réduit en art ;* mais *aimer* est un *sentiment.* On ne peut donc pas dire : *L'art d'aimer.*)	69. L'art de *se faire* aimer.
70. Un enfant mal *éduqué*. (Ce mot a vieilli.)	70. Un enfant mal *élevé*.
71. Mais qui peut altérer mes bontés paternelles ? Vous seule, vous, ma fille, en abusant trop D'*elles*. (VOLTAIRE.) (Précédés d'une préposition, *lui, elle, eux*, etc. ne se disent pas des choses.)	71. Mais qui peut altérer mes bontés paternelles ? Vous seule, vous, ma fille, *si vous en abusez.* (*Trop* est superflu, rédondant avec *abuser.*) (EN EN *abusant*, quoique régulier, serait choquant.)
72. Le prince tempère la rigueur du pouvoir, *en en* partageant les fonctions. (La préposition *en*, suivie du pronom *en*, fait un mauvais effet.)	72. *Pour tempérer* la rigueur du pouvoir, *le prince doit en partager* les fonctions. Ou bien : *C'est en partageant* les fonctions du pouvoir, *que le prince en tempère* la rigueur.
73. Il est *en* même de vous rendre service. Je l'ai mis *en* même de...	73. Il est *à* même de vous rendre service. Je l'ai mis *à* même de... (On peut dire aussi : Il est *à portée* de...)
74. Mon frère est *en* campagne. (Faute bien commune.)	74. Mon frère est A LA campagne. (*En campagne* ne peut se dire que du mouvement des troupes : « L'armée est en campagne ».)

Mauvaises locutions.

75. Cet orateur / Sa figure / Son aspect / Sa vertu / Son éloquence } EN impose.

(*En imposer*, signifie tromper. « Vous m'*en imposez* », c'est-à-dire : *Vous me trompez.*)

76. Ce moment-*ici*, ces hommes-*ici*, ces fautes-*ici*.

(Cette faute est très répandue.)

77. L'incertitude *et* l'indécision *conduisent* aux préjugés. (MASSILLON.)

(*Incertitude* et *indécision* ont à peu près le même sens ; ET, signe d'addition, est donc inutile. Le verbe doit être *au singulier* : ce n'est pas la pluralité numérique des mots qui exige le nombre pluriel, c'est la pluralité des choses.)

78. Il n'est pas de mémoire d'un plus rude *ni* d'un plus terrible combat.

L'Académie et Wailly justifient cette locution ; je pense que l'un et l'autre se trompent : *Ni*, signe d'addition négative, est vicieux, parce que *rude* et *terrible* présentent à peu près le même sens. Ajoutez à celà que *rude* et *terrible* ne peuvent être adaptés à *combat* dans un sens *négatif*, puisqu'il ne s'agit pas d'un combat *rude* NI *terrible*, mais qu'il s'agit d'un combat *rude et terrible*, ou pour mieux dire, (car le ET est inutile, rédondant), d'un combat *rude, terrible.*

79. Ce n'étaient point ses traits *et* ses grâces touchantes,
Ce n'était point Vénus. (DELILLE.)

(La phrase négative appelle *ni* ; mais il faut que la force du sens commande la négation dans la préposition complétive (1).)

80. Sans peine *ni* plaisir. Il est sans argent *ni* ressource.

(*Sans* appelle toujours ET : en effet, il marque plutôt *privation* que *négation* ; on ne dirait pas : « Il est privé, dénué d'argent NI de ressource ».)

81. J'estime Ciceron, sans l'aimer *ni* le craindre. (VOLTAIRE.)

82. Un homme a été tué hier par un coup de stylet, *sans que* le meurtrier ait été découvert NI puni.

83. Galba était sans *vices* et sans *vertus*.

(*Sans* rejette ordinairement le pluriel ; je dis ordinairement, car qui est-ce qui oserait censurer ces vers de Boileau :

L'honneur est comme une île escarpée et sans bordS ;
On n'y peut plus rentrer, dès qu'on en est dehors.)

La Fontaine a dit de Pyrame et de Thisbé :

84. *L'un est l'autre* se DIT adieu de la pensée ;

Et Voltaire, en parlant de Richelieu et de Mazarin :

Du Prince et de l'État *l'un et l'autre* EST l'ARBITRE.

Bonnes locutions.

75. Cet orateur / Sa figure / Son aspect / Sa vertu / Son éloquence } *impose*, (c'est-à-dire, *commande le respect, l'attention.*)

On dirait également :

Pompée *imposait* par son extérieur plein de noblesse, (et non pas : *en imposait.*)

76. Ce moment-CI, ces hommes-CI, ces fautes-CI.

77. L'incertitude, l'indécision *conduit* aux préjugés. (*Voyez* la page 21.)

78. Il n'est pas de mémoire d'un plus rude, d'un plus terrible combat.

Au lieu de :

Il n'y a rien de plus agréable ET (ou NI) de plus charmant que la fraîcheur du soir après la chaleur du jour ;

Dites :

Il n'y a rien de plus agréable, de plus charmant, etc.

79. Ce n'étaient point ses traits *ni* ses grâces touchantes,
Ce n'était point Vénus.

80. Sans peine *et sans* plaisir. Il est sans argent *et sans* ressource.

On dirait également :

Sans distinction d'âge ET (et non pas *ni*) de sexe.

81. J'estime Cicéron, sans l'aimer *et sans* le craindre.

82. Un homme a été tué hier par un coup de stylet, sans que le meurtrier ait été découvert *et* puni.

83. Galba était sans *vice* et sans *vertu*. (TACITE.)

84. L'un est l'autre se *dirent* adieu de la pensée.
Du Prince et de l'État l'un et l'autre *sont les arbitres.*

(Les locutions relatées dans l'autre colonne, et qu'on trouve dans beaucoup d'auteurs, dans les poètes surtout, et jusque dans le dictionnaire de l'Académie, sont rejetées avec raison par les grammairiens de nos jours.)

---

(1) On dirait par exemple :
« *Il n'y a pas de roi qui ne descende de quelque esclave*, ni *d'esclave qui ne descende de quelque roi.* » (PLUTARQUE.)
Le temps n'épargne point les amants ni *les belles* (et non pas : ET *les belles*, comme l'a dit La Harpe.)
Mais il faudrait dire :
« *Je ne connais aucun individu qui ait plus d'esprit* ET *plus de bons sens que monsieur votre frère.* »

Mauvaises locutions.	*Bonnes locutions.*
85. On ne pouvait lui dire un mot, sans qu'il *ne* se fâchât. Ils ne faut pas louer les souverains, avant qu'il *ne* soient morts. (*Sans que* et *avant que* rejettent *ne.*)	85. On ne pouvait lui dire un mot, sans qu'il se fâchât. Il ne faut pas louer les souverains, avant qu'ils soient morts.
86. Un roi n'a *pas* d'autre frein que sa volonté même. (*Autre* exclut *pas* ou *point.*)	86. Un roi n'a d'autre frein que sa volonté même. (Racine.)
87. On ne peut *pas* vivre heureux, qu'en modérant ses passions. (*Ne que* signifiant *seulement* exclut *pas. Voyez* page 145.)	87. On ne peut vivre heureux, qu'en modérant ses passions.
88. Je n'ai PAS peur *ni* de vous *ni* de lui. Nous ne sommes PAS sortis *ni* l'un *ni* l'autre. Les ministres du culte, à Londres, fréquentent la comédie, quoique les pièces du théâtre anglais ne soient PAS, à beaucoup près, *ni* aussi chastes *ni* aussi décentes que les nôtres. (*Ni* répété exclut *pas.*)	88. Je n'ai peur ni de vous ni de lui. Nous ne sommes sortis ni l'un ni l'autre. Les ministres du culte, à Londres, fréquentent la comédie, quoique les pièces du théâtre anglais ne soient, à beaucoup près, ni aussi chastes ni aussi décentes que les nôtres.
89. La porte ou la fenêtre *donnent* du vent, *sont ouvertes.* L'abstinence ou l'excès ne *firent* jamais d'heureux. C'est de la conduite de ses enfants que *dépendent* le bonheur ou le malheur d'un bon père. Si le temps ou le lieu me le *permettent*, je vous raconterai mes malheurs. Mon frère ou mon neveu *sont fautifs.* (Deux noms singuliers de la *troisième* personne, unis par *ou*, demandent le verbe (ou l'adjectif) *au singulier*; mais on dirait : La porte et la fenêtre *donnent* du vent, sont ouverts. Ni la porte ni la fenêtre ne *donnent* de vent.)	89. La porte ou la fenêtre *donne* du vent, *est ouverte.* L'abstinence ou l'excès ne *fit* jamais d'heureux. (Voltaire.) C'est de la conduite de ses enfants que *dépend* le bonheur ou le malheur d'un bon père. Si le temps ou le lieu me le *permet*, je vous raconterai mes malheurs. Mon frère ou mon neveu *est fautif.* Il y a une faute dans chacune des phrases suivantes : Aussitôt qu'un grand roi penche vers son déclin, Ou sa femme ou son fils *ont* hâté son destin. (Voltaire.) L'épuisement ou la destruction *terminent* les querelles des nations. (Delille, *Énéide*, liv. II, notes.)
90. Mon frère ou ma sœur est *fautif.* (*Fautive* ne serait pas plus exact.)	90. Mon frère ou ma sœur est *coupable*, *répréhensible*, etc. Ou bien : *L'un des deux*, mon frère ou ma sœur, est fautif.
91. { Vous ou moi *irons* au bal. Vous ou lui *irez* à Rome. Vous ou votre ami *avez* manqué à *votre* devoir. } (Ces trois locutions sont vicieuses; en effet, *ou* est moins une conjonction, rigoureusement parlant, qu'une particule alternative, qui marque seulement que *l'un ou l'autre*, que *l'un des deux ira* au bal, à Rome, que *l'un des deux a* manqué à son devoir.)	91. { *Un de nous deux*, vous ou moi, / *Un de vous deux*, vous ou lui, } *ira* au bal, à Rome. *Un de vous deux*, vous ou votre ami, *a* manqué à *son* devoir. Dites aussi : Je ne sais lequel (*ou* lequel des deux) a révélé ce secret, Alexis ou moi. Je ne sais qui a révélé ce secret, Sophie ou moi. Au lieu de : Je ne sais si c'est mon père ou moi qui *a* dit que la vertu n'est que la raison agissante; dites : Je ne sais lequel des deux, mon père ou moi, *a* dit que, etc. etc.
92. Ni B**. ni G**. ne *sera* Pape. Ni l'un ni l'autre ne *sera* Pape. (*Deux sujets* demandent le verbe *au pluriel*, et cependant on ne peut pas dire : *Ne seront* Papes, car il n'y a qu'*un Pape.*)	92. *Aucun des deux*, ni B**. ni G**., ne sera Pape. On dirait aussi de deux hommes : *Aucun des deux* n'est mon père (et non pas : *Ni l'un ni l'autre n'est* mon père.)
93. Nous sommes arrivés à Lyon, *moi* et mon collègue, le premier de ce mois. (Celui qui parle doit toujours se nommer le dernier.)	93. Nous sommes arrivés à Lyon, *mon collègue* et moi, le premier de ce mois.
94. J'ai reçu la lettre que vous m'avez écrite en commun, *votre frère* et vous. (La seconde personne a priorité, c'est-à-dire, supériorité de rang sur la troisième.)	94. J'ai reçu la lettre que vous m'avez écrite en commun, *vous* et votre frère.

Mauvaises locutions.

95. Voilà un des plus *beaux* orgues que je connaisse.
(Domergue, et c'est une grande autorité, approuve cette locution, quoiqu'on doive dire au singulier : *un* BEL *orgue*, et au pluriel : *de* BELLES *orgues ;* le singulier, dit-il, exerce, dans ce cas, son empire sur le pluriel. Me serait-il permis de penser avec Boinvilliers que les locutions énoncées ci-contre sont préférables ?)

96. Elle est *prête de* { tomber. / mourir ou d'accoucher. / se trouver mal.
(*Prêt de* n'est pas français : *Prêt à* est français, mais il ne peut s'employer que dans le sens de *disposé à.* On dira donc bien :
Je suis *prêt* (disposé) *à* vous obéir.
Elle est *prête* (disposée) *à* partir.)
Gilbert avait annoncé contre l'Académie une satire *toute prête à* paraître, si l'Académie ne lui donnait pas le prix.
(La satire n'était pas *disposée à* paraître, mais mais elle était *sur le point de* paraître.)

97. Donnez moi ce *que* j'ai besoin.
Ce *que* je suis bien aise, ce que je suis fâché, c'est de...
Ce *que* je vous prie, c'est de... Ce *que* je m'aperçois, c'est que....
(On dit : Avoir besoin *de...* être bien aise ou fâché *de...* prier quelqu'un *de...* s'apercevoir *de...* Or, toutes les fois qu'il vient un DE après un nom, un adjectif ou un verbe, il ne faut jamais employer *que* avant ce nom, cet adjectif ou ce verbe ; on doit se servir de DONT.)

98. Je suis *sensible* et je vous remercie de votre attention.
(*Sensible* appelle *à : remercier* appelle *de.*)

99. Les vaisseaux *entreront* et sortiront à tout vent du port de Cherbourg. (*Entrer* appelle *dans ; sortir* appelle *de.*)

100. C'est dans cette maison que *partent* et qu'arrivent les diligences et les autres voitures publiques.
(*Partir* appelle *de ; entrer* appelle *dans.*)

101. Son ouvrage a été *présenté* et *accepté* par l'Académie. (*Présenter* veut *à ; accepter* veut *par.*)

102. Cette phrase est d'un auteur *qu'il n'est pas nécessaire* et que d'ailleurs je n'ose nommer.
(*Il n'est pas nécessaire* appelle un *de ; oser* appelle *un infinitif-présent et sans préposition.*)

103. *Pardonnons* et aimons nos ennemis.
(*Pardonner* appelle *à ; aimer* appelle *un complément-direct.*)

104. Je crois, comme vous, que les hommes peuvent *se nuire* et s'aider beaucoup *les uns* LES *autres.*
(*Se nuire* appelle *les uns* AUX *autres*, car on dit : Nuire À quelqu'un.)

105. Il aimait l'étude et *à se promener.*
(Il faut, pour la régularité, *deux noms* ou *deux verbes.*

Bonnes locutions.

95. Je ne connais pas de plus *belles* orgues que *celles-ci.*
Je ne connais pas de plus *bel* orgue que *celui-ci.*

96. Elle est *près* de { tomber. / mourir ou d'accoucher. / de se trouver mal.
(Près *de* signifie *sur le point de.* On dirait très bien :
La rivière est *près de* déborder.
Elle est *près* (sur le point) *de* partir.)
Gilbert avait annoncé contre l'Académie une satyre *tout près de* paraître, si l'Académie ne lui donnait pas le prix.
(*Tout* est adverbe et dès-lors *invariable*, dans cette phrase.)

97. Donnez moi ce *dont* j'ai besoin.
Ce *dont* je suis bien aise, ce *dont* je suis fâché, c'est de.... c'est que...
Ce *dont* je vous prie, c'est de.... ce *dont* je m'aperçois, c'est que, etc.
(*Dont* signifie *de qui* ou *de quoi.*)

98. Je suis sensible à votre attention et je vous *en* remercie.
(*En* signifie *de lui, d'elle, d'eux, de celà.*)
Ou : Je suis *reconnaissant* et je vous remercie de votre attention.

99. Les vaisseaux entreront *dans* le port de Cherbourg et *en* sortiront à tout vent.

100. C'est *de* cette maison que partent et c'est dans cette maison qu'arrivent les diligences et les autres voitures publiques.

101. Son ouvrage a été présenté *à* l'Académie et accepté par elle.

102. Cette phrase est d'un auteur *qu'il ne faut pas* et que d'ailleurs je n'ose nommer.
Ou bien :
Cette phrase est d'un auteur qu'il n'est pas nécessaire et que *je crains* d'ailleurs de nommer.

103. Pardonnons *à* nos ennemis et aimons les.
On dirait nécessairement :
Aimons nos ennemis et pardonnons *leur.*

104. Je crois, comme vous, que les hommes peuvent *s'entr'aider* beaucoup ou se nuire beaucoup les uns *aux* autres. Dites aussi : Ils ne se pardonnent rien les uns *aux* autres. On dit : Pardonner *à*....

105. Il aimait l'étude et *la promenade.*
Ou bien :
Il aimait *à étudier* et à se promener.

Mauvaises locutions.

106. Je crois vos raisons plausibles, et *que* vous gagnerez votre procès.
(Il faut *deux compléments-directs* ou *deux que.*)

107. Je pardonne les fautes qui proviennent *ou de négligence, ou qui proviennent* de la faiblesse de notre nature.
(La symétrie de la phrase exige que le second *ou* soit suivi d'un nom comme le premier.)

108. Cette tragédie *non seulement* enseigne la vertu, mais *encore* la perfection du christianisme.
(*Encore* n'est pas placé dans le même ordre que *non seulement.* Cette faute, quoique légère, annonce un défaut de logique : toutes les parties de phrase, en même rapport, doivent avoir une corrélation exacte.)

109. La férocité du tigre l'emporte sur le lion.

110. Cet homme *de mérite* et d'une vertu rare, a expiré entre mes bras.
(La correspondance des idées exige un adjectif pour l'un et pour l'autre nom.)

111. *Ambitieux* esclave ou tyran tour à tour. (Voltaire.)

112. J'ai un jardin plus beau que *vous.*

113. C'est le sentiment de mon frère et *de moi.*
(Dans cette phrase et dans toute autre semblable, on doit toujours préférer l'adjectif-possessif *le nôtre, le vôtre, le sien,* etc. à *de nous, de vous, de lui,* etc.)

114. Si vous voyez Alexis, assurez LE *que* je l'aime toujours.
(*Assurer* veut un complément-indirect, quand il est suivi d'un *que.*)

115. Il n'y a qu'à *pleuvoir* encore, et l'on ne poura plus sortir. *Il ne devrait pas valoir* que, etc.

116. Il est dificile à un homme en place de distinguer ses amis *d'*AVEC ses ennemis. (*Une* préposition suffit.)

117. Je *lui* ai vu faire toute sorte de tours.
L'idée *leur* a pris de....

118. Pour opérer le bien, il faut que la sagesse soit *réunie* à la puissance.
(*Réuni* suppose au moins *deux* objets énoncés auparavant.)

119. *Voyez voir. Jugez voir.* On vous trouve *tout partout.*

120. *Pour quant* à moi, je vais aller le voir.

121. Un *cadavre inanimé.* Un *jeune enfant.* C'est *assez suffisant.*

122. Les Grecs épouvantés *reculent en arrière.*
(Delille, *Enéide,* l. 6.)

Bonnes locutions.

106. Je crois vos raisons plausibles, et *le gain de votre procès assuré.*
Ou bien :
Je crois *que* vos raisons *sont* plausibles, et que vous gagnerez votre procès.

107. Je pardonne les fautes qui proviennent ou de négligence, ou *de la faiblesse* de notre nature.
On pourait dire aussi, mais moins bien :
Je pardonne les fautes ou qui proviennent de négligence, ou *qui proviennent* de la faiblesse de notre nature.

108. Cette tragédie enseigne *non seulement* la vertu, mais *encore* la perfection du christianisme ;
Ou bien :
Cette tragédie enseigne non seulement la vertu, mais *elle enseigne encore* la perfection du christianisme ;
Ou enfin :
Non seulement cette tragédie enseigne la vertu, mais *encore* elle enseigne la perfection du christianisme.

109. La férocité du tigre l'emporte sur *celle* du lion.

110. Cet homme d'*un grand* mérite et d'une vertu rare a expiré entre mes bras.

111. Esclave ou tyran tour à tour. (Ou donnez un adjectif à chaque nom.)

112. J'ai un jardin plus beau que *le vôtre.*

113. C'est le sentiment de mon frère et *c'est le mien.*

114. Si vous voyez Alexis, assurez LUI que je l'aime toujours.
On dit, mais dans un autre sens :
Assurez *le*, assurez *la* de mon amitié, de mon respect.

115. *S'il pleut encore*, on ne pourra plus sortir. *Il ne serait pas à désirer* que, etc.

116. Il est difficile à un homme en place de distinguer ses amis DE ses ennemis.
Crébillon a dit :

> Alors la liberté ne savait pas dans Rome
> *Du* simple citoyen distinguer le grand homme.

117. Je *l'*ai vu (ou vue) faire toute sorte de tours.
L'idée *leur* est venue de.... ou : l'idée *les* a pris de....

118. Pour opérer le bien, il faut que la sagesse soit *unie* à la puissance.
Ou bien :
Pour opérer le bien, il faut que la sagesse et la puissance soient *réunies.* (Cicéron.)

119. Voyez. Jugez. On vous trouve partout.

120. Pour moi *ou* quant à moi, je vais aller le voir.

121. Un cadavre. Un enfant. C'est assez *ou* c'est suffisant.

122. Les Grecs épouvantés reculent.

Mauvaises locutions.

123. *En vain* vous formez des vœux *inutiles.*

124. Il est né dans *une* misère *la plus* grande.
(*Une* exclut *la*, et *la* exclut *une.*)

125. *De* ce que la science est un bien, il *s'en* suit que l'ignorance est un mal.
(*De* marque *un complément-indirect*; *en*, signifiant *de celà*, est aussi un pronom *indirect*; il y a donc pléonasme.)

126. Il *s'en* suit *de* cette assertion, que, etc.

127. La non-existence de Dieu est une chose *qu'*on ne peut supposer *qui* ait été adoptée par des hommes de bonne foi.
(Ce *qui* est *rédondant*, c'est-à-dire, *superflu* après le *que*. Cette phrase répond à celle-ci : « La non-existence de Dieu est une chose *laquelle* chose on ne peut supposer *laquelle* ait été adoptée par, etc. » Le pléonasme est frappant.)

128. Il m'a écrit des lettres *que* je crois *qui* sont bien rédigées. (Faute semblable.)

129. Votre oncle *qu'*on vient de m'écrire *qui* est mort d'apoplexie, vous a nommé son héritier.

130. J'ai l'honneur de vous écrire pour m'informer de l'état de votre santé *que* je souhaite *qui* soit très bonne, et pour, etc.

131. Craignant de déplaire à Louis XIV, Boileau, dans son *Art poétique*, n'a point parlé de La Fontaine, *dont* on sait qu'il admirait cependant *ses* divers ouvrages.
(*Dont* signifie *duquel, de lui, de La Fontaine*; *ses ouvrages* signifie *les ouvrages* DE LUI ; il y a donc pléonasme.)

132. Marc-Aurèle fut un *des* Princes *des* plus vertueux de son temps.
(*Des* signifie *de les, de tous les*; c'est comme s'il y avait : « Marc-Aurèle fut un DE *les* Princes DE *les* plus vertueux, etc. » Le second DE est évidemment *superflu.*)

133. *Aux messieurs* Levrault, libraires, à Paris.
(*Aux* signifie *à* LES ; *mes sieurs* signifie LES sieurs *de moi* : pléonasme.)

134. Le devoir *des* écoliers les plus instruits et *les* plus ignorants, est d'étudier toujours pour apprendre quelque chose de nouveau.
(LES est vicieux ici, en ce qu'il ne s'agit pas d'*une* classe *d'écoliers instruits et ignorants*, mais qu'il s'agit de *deux* classes d'écoliers.)

135. Un avare étant entré dans *son* cabinet où étaient *ses* richesses, trouva, etc.
(*Son* est rédondant : l'adjectif-possessif SES indique assez qu'il s'agit du cabinet *de l'avare*, qui se serait bien gardé d'ailleurs de déposer ses richesses dans le cabinet *d'un autre*)

Bonnes locutions.

123. En vain vous formez des vœux ; ou bien :
Vous formez des vœux inutiles.

124. Il est né dans une extrême misère ; ou :
Il est né dans la misère la plus grande ; ou enfin :
Il est né dans la plus grande misère.

125. De ce que la science est un bien, il suit que l'ignorance est un mal.

126. Il suit de cette assertion que, etc.

127. La non-existence de Dieu est une chose qu'on ne peut supposer *avoir été* adoptée par des hommes de bonne foi.

128. Il m'a écrit des lettres qui sont, je crois, *ou* si je ne me trompe, bien rédigées.

129. On vient de m'écrire que *votre oncle* est mort d'apoplexie, et qu'il vous a nommé son héritier.
On pourait dire aussi, mais moins bien :
On vient de m'écrire que *votre oncle, qui est mort d'apoplexie*, vous a nommé son heritier.

130. J'ai l'honneur de vous écrire pour m'informer de l'état de votre santé, que je souhaite *être* très bonne, et pour, etc.

131. Craignant de déplaire à Louis XIV, Boileau, dans son *Art poétique*, n'a point parlé de La Fontaine, dont on sait qu'il admirait cependant *les* divers ouvrages.

132. Marc-Aurèle fut un des Princes LES plus vertueux de son temps ; ou :
Marc-Aurèle fut un des plus vertueux princes de son temps.
Dites également :
C'est un des livres *les* mieux écrits ; ou :
C'est un livre *des* mieux écrits.
(La première locution est la meilleure.)

133. *A* messieurs Levrault, libraires, à Paris.
(*Voyez* la page 101, n°. 4.)

134. Le devoir des écoliers les plus instruits et DES plus ignorants, est d'étudier toujours pour apprendre quelque chose de nouveau.
(L'ellipse est facile à suppléer : « Le devoir des écoliers les plus instruits et des *écoliers les* plus ignorants, est de...)

135. Un avare étant entré dans *le* cabinet où étaient ses richesses, trouva, etc.
Au lieu de :
J'ai reçu *votre* lettre que *vous* m'avez adressée, etc.
Dites :
J'ai reçu *la* lettre que vous m'avez adressée, etc.

Mauvaises locutions.

136. *Que* cet heureux instant me doit être *bien* doux ! (Crébillon.)
(*Que*, signifiant *combien*, emporte avec lui une idée *superlative*.)

137. C'est ici (*dans ce lieu*) où (*dans lequel*) je finirai mes jours. (Le pléonasme est frappant.)

138. C'est là (*dans ce lieu-là*) où (*dans lequel*) je mis la dernière main à mes études de la nature.

139. *Au* (A le) moment *où* (dans lequel) je parle.

140. C'est *à* vous *à* qui j'ai recours. C'est *à* eux *à* qui j'ai confié mes papiers (1).

141. C'est *de* vous *dont* je me plains. C'est *d'*encre *dont* j'ai besoin.

142. C'est *de* là *d'*où je viens. C'est de vous *dont* je parle.

143. Ne vous informez pas *ce* que je deviendrai. (Bajazet.)
(*Informer* a ici *deux compléments-directs*, et la duplicité de complément est vicieuse : informer SOI, CE que, etc.)

144. *Se* rappeler DE quelque chose. Je *m'*EN rappelle.
(Il y a peu de fautes plus répandues que celles-ci. SE rappeler exige un complément-direct; autrement ce verbe aurait *deux* compléments indirects, ce qui serait vicieux ; SE *rappeler* DE signifie en effet : *rappeler* A *soi* DE.)

145. *Peut-etre poura*-t-il reussir.

146. Il est *impossible* que je *puisse* aller vous voir.
Peut-être qui vient evidemment de *pouvoir*, il PEUT, ne doit jamais s'employer soit avec ce verbe, soit avec *puissant*, *puissance*, *possible*, *impossible*.
Cette tirade est incorrecte :

147. Toi qui vois tout ce qui respire,
Soleil, *puisses-tu* ne rien voir
De si puissant que cet empire ! (La Motte.)

148. *Heureusement* il a eu le *bonheur* de réussir.
(*Bonheur* et *malheur* excluent leur dérivé *heureusement*.)

149. Vous trouverez *ci-joint* la lettre et le paquet que j'ai promis de vous envoyer.
Vous recevrez, *franc* de port, la caisse d'oranges et le panier de poires que je vous envoie.
(*Ci-joint* et *franc*, quoique placés avant les noms auxquels ils se rapportent, doivent en prendre le genre et le nombre : les bureaucrates ne font pas loi en matière de grammaire.)

150. *Quelle était* en secret ma honte et mes chagrins ! (Racine.)

151. Quand je me fais *justice*, il faut qu'on se *la* fasse. (Voltaire.
(Le pronom variable *le*, *la*, *les*, ne peut se rapporter qu'à un nom employé avec l'article ou avec un équivalent.)

Bonnes locutions.

136. Que cet heureux instant me doit être doux !

137. C'est ici *que* je finirai mes jours.

138. C'est la *que* je mis la dernière main à mes études de la nature.

149. Au moment que je parle.

140. C'est à eux *que* j'ai recours. C'est à eux *que* j'ai confié mes papiers.

141. C'est de vous *que* je me plains. C'est d'encre *que* j'ai besoin.

142. C'est de là *que* je viens. C'est de vous *que* je parle.

143. Ne me *demandez* pas ce que je deviendrai ; ou :
Ne vous informez pas *de* ce que je deviendrai.

144. Se rappeler *quelque chose*. Je me *le* rappelle.

145. Peut-être réussira-t-il. Il réussira peut-être. Peut-être qu'il réussira.

146. Il m'est impossible d'aller vous voir.

147. Toi qui vois tout ce qui respire, Soleil, puisses-tu ne rien voir de si *grand* (de si *florissant*, etc.) que cet empire ! Lisez : D'*aussi grand*, (d'*aussi florissant*, etc.) que cet empire !

148. Heureusement il a réussi; ou : Il a eu le bonheur de réussir.

149. Vous trouverez ci-JOINTS *la lettre* et *le paquet* que j'ai promis de vous envoyer.
Vous recevrez, FRANCS de port, *la caisse* d'oranges et *le panier* de poires que je vous envoie.

150. *Quels étaient* en secret ma honte et mes chagrins !

151. Quand je me fais justice, il faut qu'on *se fasse aussi justice*.

---

(1) Ce vers de Boileau est incorrect : — C'est *à* vous, mon esprit, *à* qui je veux parler. — Il faut : — C'est à vous, mon esprit, *que* je veux, *que* je prétends parler. On peut très bien dire : *C'est vous à qui* ; et ce vers de Racine est exact :

C'est { vous, toi, etc. / votre illustre mère } à qui je veux parler.

Mauvaises locutions.

152. Dans les premiers âges du monde, chaque père de *famille* gouvernait *la sienne* avec une autorité absolue. (Même faute.)

153. Elle est plus *savante* que je ne *la* croyais.
Ils ne sont pas aussi *grands* que je *les* croyais.
. . . . Je ne veux point être *liée*.
Je ne *la* serai point. (Racine.)
Elle n'est pas aussi *fine* que je l'avais crue.
Ils ne sont pas aussi *fins* que je *les* avais crus.

(LE remplaçant un adjectif, masculin ou féminin, singulier ou pluriel, un verbe ou même une portion de phrase, est *invariable* ; il signifie *celà*. Ce LE étant *invariable*, il s'en suit que le participe-passé qui s'y rapporte doit être aussi *invariable*.)

154. Cent mille faux zélés, le fer en main *courants*,
Allèrent attaquer leurs amis, leurs parents. (Boileau.)

(Le participe-présent est presque toujours *invariable*.)

155. Le secret, *en contant* une chose absurde, est de *s'énoncer* d'une telle manière que *vous* fassiez concevoir au lecteur que *vous* ne croyez pas vous-même à la chose que *vous* contez. (Boileau.)

(*En contant* et *s'énoncer* présentent un sens *vague*, et *vous fassiez*, *vous croyez* présentent un sens *déterminé*.)

156. *Qui* ne sait compâtir aux maux qu'*on* a soufferts! (Voltaire.)

(*Qui*, qu'on peut tourner par *qui est-ce qui*, offre un sens *précis*; *on* ne présente qu'un sens *vague*.)

157. *Placés* entre la crainte et l'espérance, notre position est vraiment pénible.

(A quoi se rapporte *placés*? — A *nous*, sujet sous-entendu; la position de nous, *placés*, etc. Cette phrase, quoique reçue, doit faire place à la location énoncée ci-contre.)

Ne dites pas non plus d'une femme ;

158. *Remplie* d'attention, rien n'échappe à sa prévoyance.

(Le sujet sous-entendu est *elle*; la prévoyance d'elle.)

159. *Placés* aux extrémités du monde, nous veux-tu pour amis ou pour ennemis? Choisis. (Les Scythes à Alexandre.)

160. . . . . *Ou lassés ou soumis*,
Ma funeste amitié pèse à mes ennemis. (Racine.)

(Cette transposition des adjectifs ou participes-passés *lassés*, *soumis*, est très-vicieuse; ils ne peuvent se rapporter qu'à un *sujet* ou à un *complément-direct*.)

161. Les maîtres qui grondent toujours ceux qui les servent *avec emportement*, sont ordinairement les plus mal servis.

(Ce complément-indirect éloigné est mal placé.)

162. Ce jeune homme écrivit un libelle contre son maître, et employa les avantages qu'il en avoit reçus *pour l'offenser*. (Même faute.)

Bonnes locutions.

152. Dans les premiers âges du monde, chaque père de famille gouvernait *ses enfants* avec une autorité absolue.

153. Elle est plus savante que je ne *le* croyais.
Ils ne sont pas aussi grands que je *le* croyais.
Je ne veux point être liée; je ne *le* serai point.
Elle n'est pas aussi fine que je l'avais *cru*.
Ils ne sont pas aussi fins que je l'avais *cru*.

(*Voyez* la page 117.)

154. Cent mille faux-zélés, le fer en main *courant*,
Allèrent, etc.

155. Le secret, en contant une chose absurde, est de s'énoncer d'une telle manière que l'*on* fasse concevoir au lecteur que l'*on* ne croit pas *soi*-même à ce que l'*on* conte.

Ou bien :

Le secret, *lorsque vous contez* une chose, etc., est de *vous* énoncer d'une telle manière que *vous fassiez* croire au lecteur que *vous*, etc. etc.

156. Qui ne sait compâtir aux maux qu'*il* a soufferts!

Ou :

Il est impossible de ne pas compâtir aux maux qu'*on* a soufferts.

Peut-*on* ne pas compâtir aux maux qu'on a soufferts!

157. *Comme nous sommes placés* entre la crainte et l'espérance, notre position est vraiment pénible.

158. Remplie d'attention, *elle* sait tout prévoir.

Ou :

Comme elle est remplie d'attention, rien n'échappe à sa prévoyance.

159. Placés aux extrémités du monde, *nous* serons, si tu le veux, tes amis ou tes ennemis. Choisis.

160. Ma funeste amitié pèse à mes ennemis ou soumis ou lassés.

Ou bien :

Mes ennemis, ou soumis ou lassés, sentent le poids de ma funeste amitié.

161. Les maîtres qui grondent toujours *avec emportement* ceux qui les servent, sont ordinairement les plus mal servis.

162. Ce jeune homme écrivit un libelle contre son maître, et employa, *pour l'offenser*, les avantages qu'il en avait reçus.

Mauvaises locutions.	*Bonnes locutions.*
163. La Déesse, *en entrant, qui* voit la nappe mise, Admire un si bel ordre et reconnaît l'église. (Despréaux.)	163. La Déesse *qui voit*, en entrant, la nappe mise, admire, etc.
164. Cependant Claudius penchait vers son déclin. . . . . Mes soins, en apparence, épargnant ses douleurs, De son fils, *en mourant*, lui cachèrent les pleurs. (Racine.) (*En mourant* est mal placé : par la construction, il se rapporte au nom fils ; par le sens, à *Claudius.*)	164. Mes soins lui cachèrent *à sa mort* les pleurs de son fils.
165. Son sein tout hérissé n'offre *rien* aux désirs de l'homme *qui* puisse tenter l'avarice de Rome.	165. Son sein tout hérissé n'offre aux désirs de l'homme *Rien qui* puisse tenter l'avarice de Rome. (Crébillon.)
166. La fille de votre ami, *qui* est très aimable, viendra demain au bal. (Est-ce la *fille* qui est très aimable, ou est-ce l'*ami ?* On dirait très bien : La fille de votre ami, qui est *belle* et modeste, viendra, etc.)	166. La fille de votre ami, *laquelle* est très aimable, viendra demain au bal.
167. Je réclame un service de votre bonté *qui* méritera toujours ma reconnaissance. (*Qui* est *équivoque.*)	167. Je réclame de votre bonté *un service qui* méritera toujours ma reconnaissance. Ou : Le service que je réclame de votre bonté méritera, etc.
168. Valère a été chez Léandre ; il y a trouvé *son* fils. (*Son* est équivoque.)	168. Dites, suivant le sens que vous avez en vue : Valère a trouvé *son fils* chez Léandre ; Ou : Valère a été chez Léandre où il a trouvé le fils de ce dernier.
169. Cet auteur a mis au jour un ouvrage moral ; { on l'estime. / il est estimé. (*Le* et *il* sont équivoques.)	169. Cet auteur a mis au jour un ouvrage moral, *qui est estimé.* Ou bien : Cet auteur, *qui est estimé*, a mis au jour un ouvrage moral.
170. Racine a imité Euripide en tout ce qu'IL a de beau dans sa *Phèdre.* (*Il* est équivoque.)	170. Tout ce qu'Euripide a de beau dans sa Phèdre, a été imité par Racine.
171. Il fond sur l'ennemi, et, *après l'avoir saisi d'une main victorieuse*, le renverse comme le cruel aquilon abat les tendres moissons. (On dirait bien : *Il fond sur l'ennemi et le renverse comme*, etc. ; mais dans la phrase relatée plus haut, il faut répéter le pronom IL, à cause de la préposition-complétive éloignée qui fait perdre de vue le sujet.)	171. Il fond sur l'ennemi, et, après l'avoir saisi d'une main victorieuse, IL le renverse comme le cruel aquilon abat les tendres moissons. (Fénélon.)
172. Il veut et *ne* veut pas. Vous le dites, mais *ne* le pensez pas. (Quand on passe de l'affirmative à la négative, ou de la négative à l'affirmative, il faut répéter le sujet.)	172. Il veut et *il* ne veut pas. Vous le dites, mais *vous* ne le pensez pas.
173. N'attribuez qu'à ses affaires le silence de votre oncle ; vous le connaissez trop bien pour l'interpréter autrement. (Le second L' ou LE est équivoque, en ce qu'il se rapporte par le sens au nom *silence*, et par la construction, au nom *oncle.*)	173. Si votre oncle ne vous a point écrit, *ses affaires* en sont probablement la cause ; vous le connaissez trop bien pour interpréter autrement son silence.
174. Le physicien arrache *ses* secrets à la nature. (*Ses* est équivoque ; il semble que ce soient les secrets *du physicien*)	174. Le physicien arrache *à la nature* ses secrets.

Mauvaises locutions.

175. Pour réussir, il employait *l'artifice*, et *l'adresse* qu'il mettait en usage le faisait venir à bout de toutes ses entreprises.

(Cette phrase paraît louche et l'est réellement, en ce qu'à la première lecture, *et l'adresse* semble être un complément-direct comme le nom *l'artifice*, tandis que ce mot *l'adresse* est *sujet* d'un second membre de phrase.)

176. *Cette terre* me rapporte assez *pour vivre.*

177. *La comédie* est faite *pour rire.*

178. *La vie* est trop peu de chose, *pour désirer* de la prolonger.

179. *Ces noms* sont au pluriel, *sans pouvoir* s'y méprendre.

(En général, toute proposition complétive indéterminée, commençant par *pour*, *sans*, etc. etc., se rapporte grammaticalement au *sujet;* il faut changer la construction, quand ce rapport est choquant, comme dans les phrases énoncées ci-dessus, qui répondent exactement à celles-ci :

Cette terre me rapporte assez *pour qu'elle vive ;*

La comédie est faite *pour qu'elle rie ;*

La vie est trop peu de chose, *pour qu'elle désire* de...;

Ces noms sont au pluriel, *sans qu'ils puissent* s'y méprendre.

Mais on dirait :

Dieu n'a pas fait *les Rois* POUR ÊTRE OPPRESSEURS, ni *les peuples* POUR ÊTRE OPPRIMÉS; (THOMAS.)

Dieu *nous* a créés POUR L'AIMER.

Ici, les phrases complétives, loin d'être vagues, sont déterminées par les compléments-directs *les rois*, *les peuples*, *nous*.)

180. *Un tel ouvrage* ne pouvait être entrepris par son auteur, *sans avoir sondé* auparavant le gout du public.

181. En Russie aujourd'hui, *le ministre* du culte met entre les doigts du mort un billet, *pour* lui servir de passe-port dans l'autre monde.

182. Je n'ai personne *à plaire.*

183. Valérius étant tribun militaire sous Camille, *le prodige d'un* corbeau qui vint se percher sur son bras droit, dans le temps qu'il était aux prises avec un Gaulois, *qui* frappa de ses aîles et de ses ongles ce formidable ennemi, de sorte que Valérius lui dut la victoire, *fut cause* qu'on l'appela Corvinus.

(Le second *qui* est trop éloigné du mot *corbeau*, et le *fut cause* du mot *prodige.*)

Bonnes locutions.

175. Pour réussir, il *avait recours à l'artifice*, et l'adresse qu'il mettait en usage le faisait venir à bout de toutes ses entreprises.)

176. Cette terre me rapporte assez pour *me faire* vivre; ou: *J'ai assez* pour vivre du produit de cette terre.

177. La comédie est faite pour *faire* rire.

Ou mieux, afin d'éviter *fait* et *faire:*

La comédie est *destinée à faire* rire.

178. La vie est trop peu de chose pour *qu'on désire* de la prolonger; ou bien :

Nous devons regarder la vie comme trop peu de chose, pour désirer de la prolonger.

179. Ces noms sont au pluriel, sans *qu'on puisse* s'y méprendre.

Au lieu de :

Caton fut envoyé dans l'île de Cypre, *pour l'éloigner* de Rome;

Cette liqueur est destinée *pour servir* sur la table au dessert;

Je vous envoie une médecine, *pour prendre* après avoir été saigné;

Je suis d'avis que vous soyez saigné, *avant de purger;*

Dites :

On envoya Caton dans l'île de Cypre, pour l'éloigner de Rome.

Cette liqueur est destinée *pour être servie* sur la table au dessert.

Je vous envoie une médecine *que vous prendrez* après avoir été saigné.

Je suis d'avis que vous soyez saigné, *avant que vous vous purgiez.*

On ne dirait pas non plus à quelqu'un :

Que vous *avais-je* fait, *pour venir* insulter à mon malheur?

Il faudrait dire absolument :

Que vous avais-je fait, *pour que vous* vinssiez insulter, etc.

180. *L'auteur* d'un tel ouvrage ne pouvait l'entreprendre, sans avoir sondé auparavant le goût du public.

181. En Russie aujourd'hui, le ministre du culte met entre les doigts du mort un billet *qui doit* lui servir de passe-port dans l'autre monde. (En effet, ce n'est pas *le ministre* qui doit servir de *passe-port.*)

182. Je n'ai personne *à qui je doive* plaire.

183. Valérius, tribun militaire sous Camille, était aux prises avec un Gaulois formidable, lorsqu'un corbeau vint se percher sur son bras droit. Cet oiseau frappa tellement de ses aîles et de ses ongles l'adversaire du tribun, que celui-ci lui dut la victoire et le surnom de Corvinus.

Mauvaises locutions.	Bonnes locutions.
184. Je viens *pour vous voir, pour que je vous voie.* Je ne crois pas *que je puisse sortir.* Il promet *qu'il viendra* me voir demain. (Quand il n'y a pas d'équivoque à craindre, préférez l'infinitif à ces phrases complétives.)	184. Je viens *vous voir.* Je ne crois pas *pouvoir sortir.* Il promet *de venir me voir demain.*
185. Si j'étais *que* de vous. (C'est assez d'un mot inutile.) Ne laissez pas *que* de travailler.	185. Si j'étais de vous. Ne laissez pas de travailler.
186. *C'est* se méprendre bien grossièrement, de croire, etc. *C'est* n'être bon à rien, de n'être bon qu'à soi. (VOLTAIRE.) (Le *que* est ici obligatoire; il forme avec *c'est*, C'EST QUE, un gallicisme.)	186. C'est se méprendre bien grossièrement, *que* de croire, etc. C'est n'être bon à rien, *que* de n'être bon qu'à soi, ou : N'être bon que pour soi, c'est n'etre bon à rien.
187. J'irai à Lyon *quand vous.*	187. J'irai à Lyon, quand vous y irez, en même temps que vous.
188. *Qu'*est-ce qui n'admire pas le charme du style de Rousseau? (*Qu'est-ce qui* ne se dit que des choses.)	188. *Qui* est-ce qui n'admire pas le charme du style de Rousseau? (*Qui* est-ce *qui* se dit des personnes.)
189. Tout genre d'écrire reçoit-il le sublime, ou n'y a-t-il que les grands sujets qui en soient *capables?* (LA BRUYÈRE.) (*Capable* ne se dit que des *personnes.*)	189. Tout genre d'écrire reçoit-il le sublime, ou n'y a-t-il que les grands sujets qui en soient *susceptibles?* (*Susceptible* se dit des *choses.*)
190. On y *monte* par une douce *pente.*	190. On y monte *insensiblement* ou par une douce *rampe.*
191. Des couches verticales. (SAUSSURE, DELILLE.) (Ces expressions, a dit Buffon, sont insociables.)	191. Des couches *très inclinées.*
192. D'un pinceau délicat l'artifice agréable Du plus affreux objet fait un objet *aimable.* (BOILEAU.)	192. . . . . Fait un objet *intéressant.* (Ce qui est *affreux* ne peut être *aimable.*)
193. Le pouvoir En me rendant *plus craint,* m'a fait plus misérable. (VOLTAIRE.)	193. En me rendant plus *redoutable,* plus *à craindre,* etc. (*Rendre* ne peut être suivi d'un *participe-passé.*)
194. Le lion s'apprivoise au point d'*endurer* les caresses et la parure. (*Sénèque,* trad. de LA GRANGE.) (*Souffrir* se dit *de ce qui flatte* et *de ce qui fait de la peine;* mais *endurer* ne peut s'entendre que de quelque chose de fâcheux. Exemple : Sur le marbre animé, le Puget défigure Tout le corps du lutteur sous les *maux* qu'il ENDURE) (LEMIERRE.)	194. Le lion s'apprivoise au point de *souffrir* les caresses et la parure. Au lieu de : *Ployez* votre serviette. (*Ployer* ne s'emploie qu'en parlant *du fer, d'une poutre,* etc.) Dites : *Pliez* votre serviette. (*Plier* se dit *du linge* et *des menus objets.*)
195. C'est *moi* qui *a* raison, qui *est* fautif, qui *répondra,* etc.	195. C'est moi qui *ai* raison, qui *suis* fautif, qui *répondrai,* etc. (C'est moi *que j'ai* raison, est une faute grave.)
196. C'est *moi qui,* comme vous le savez, S'intéresse le plus à vous.	196. C'est moi qui, comme vous le savez, M'intéresse le plus à vous.
197. *Tu es* / *Vous êtes* le seul *qui* m'AIT donné des marques d'amitié. Dans les champs d'Albion, sur un sable infertile, C'est *toi qui* le premier FIT répandre l'argile, FÉCONDA l'un par l'autre, et du mélange heureux VIT naître les moissons sur un fonds sablonneux. (L'adjectif n'a pas de personne par lui-même; *le* QUI et *le* VERBE doivent donc adopter celle du *sujet,* qui, dans la première phrase, est TU ou VOUS, et, dans la seconde, TOI.)	197. *Tu es* / *Vous êtes* le seul *qui* m'AIES / m'AYEZ donné des marques d'amitié. Dans les champs d'Albion, sur un sable infertile, *C'est toi qui* le premier FIS répandre l'argile, FÉCONDAS l'un par l'autre, et du mélange heureux VIS naître les moissons sur un fonds sablonneux. (St. LAMBERT.)

Mauvaises locutions.

198. *Élève* que j'ai fait en la loi d'Épicure;
Disciple qui SUIT pas à pas
D'une doctrine saine et pure
Et les leçons et les appas;
Philosophe formé des mains de la nature
Qui, sans rien emprunter de tes réflexions,
PREND pour guide, etc.,
FOULE aux pieds la fortune, etc etc. etc.
(Chaulieu.)

(*Disciple* et *philosophe* sont évidemment employés ici en apostrophe ou *au vocatif*, c'est-à-dire, à la *seconde* personne; car on peut dire : O disciple! ô philosophe! Les *qui* et les *verbes* qui s'y rapportent doivent donc adopter aussi la *seconde* personne.)

199. Vous êtes le seul *homme* qui m'AYEZ donné des marques d'amitié.

Vous êtes le héros qui AVEZ remporté le plus de victoires.

(Le *qui* et le *verbe* doivent se rapporter au nom *homme*, dans la première phrase, et au nom *héros*, dans la seconde : tout verbe adopte la personne de son *sujet*.)

200. Nous étions dix jeunes *gens* qui DANSIONS chacun à *notre* tour.

(Il ne s'agit pas de *nous*, mais il s'agit de *jeunes-gens* qui *dansaient*.)

201. Necker est un des *hommes qui* A le mieux connu l'importance de l'opinion et la vanité de la gloire.

202. Boileau est un *des poètes* dans LEQUEL on trouve le moins de fautes à reprendre.

203. La géographie est une des *sciences* que j'ai le plus CULTIVÉE.

204. Ils s'en allèrent chacun chez *eux*.

205. Cet homme *aime* sa femme, comme elle mérite de *l'être*.

(*Aimer* signifie *être aimant;* cette phrase répond donc à celle-ci : « Cet homme *est aimant* sa femme comme elle mérite *d'être aimante* »; ce qui est un vrai contre-sens. Règle. Le *participe-passé* ne peut pas être sous-entendu dans une phrase complétive, à moins qu'il ne soit employé, ou *seul*, ou *passivement*, (c'est-à-dire, avec être et non pas avec *avoir*) dans la phrase primordiale.

Voici un exemple du participe-passé d'un verbe employé seul : « Cette pièce est d'un employé *supprimé* ou près de l'être. »)

206. On ne *loue* ordinairement que pour *l'être*.

207. Vous *jugerez* ce pamphlet, comme il doit *l'être*.

Bonnes locutions.

198. *Élève* que j'ai fait en la loi d'Épicure;
Disciple qui SUIS pas à pas
D'une doctrine saine et pure
Et les leçons et les appas;
Philosophe formé des mains de la nature
Qui, sans rien emprunter de tes réflexions,
PRENDS pour guide, etc.,
FOULES aux pieds, etc. etc.

Dites également :

Armand, / O Armand, } *Qui* pour six vers me *donnez* six cents livres,
Que ne puis-je, à ce prix, vous vendre tous mes livres!
(Colletet)

Ou bien :

Armand, *qui* pour six vers me DONNES si cents livres,
Que ne puis-je, à ce prix, te vendre tous mes livres!

199. Vous êtes le seul homme qui m'AIT donné des marques d'amitié.

Vous êtes le héros qui A remporté le plus de victoires.

(Il ne s'agit pas de *vous*, mais il s'agit *d'un homme*, *d'un héros*, et cet homme, ce héros, *c'est vous*.)

200. Nous étions dix jeunes-gens qui DANSAIENT chacun à SON tour.

Mais on dirait :

Nous étions dix qui dansions chacun à son tour.

(*Dix* est un adjectif qui n'a point de personne par lui-même, et qui adopte celle du sujet, NOUS.)

201. Necker est un des hommes qui ONT le mieux connu l'importance de l'opinion et la vanité de la gloire.

202. Boileau est un des hommes dans LESQUELS on trouve le moins de fautes à reprendre.

203. La géographie est une des sciences que j'ai le plus CULTIVÉES.

204. Ils s'en allèrent chacun chez *soi*; ou : Chacun s'en alla chez soi.

205. Cet homme aime sa femme, comme elle *le* mérite (LE pour *celà*.)

Ou :

Cet homme aime sa femme, comme elle mérite *d'etre aimée*.

Au lieu de :

On *a* traité cette personne, comme elle méritait de *l'etre;*

Dites :

Cette personne a ÉTÉ traitée, comme elle méritait de l'etre;

Ou :

On a traité cette personne, comme elle *le* méritait, *ou* comme elle méritait *d'etre traitée*.

206. On ne loue ordinairement que pour *etre loué*.
(La Rochefoucault.)

Ou :

Nous ne louons ordinairement que pour *etre loués*.

207. Vous jugerez ce pamphlet, comme il doit *etre jugé;*

Ou :

Ce pamphlet SERA jugé par vous comme il doit l'etre.

Mauvaises locutions.	Bonnes locutions.
208. Le Poussin modelait en cire les figures qu'il devait exécuter; il les *grouppait* comme elles devaient *l'être* dans son tableau.	208. Le Poussin modelait en cire les figures qu'il devait exécuter; il les grouppait comme elles devaient être grouppées dans son tableau.
209. Cet enfant a été bien *montré*, mal *enseigné*. (Il n'y a peut-être pas de fautes plus répandues dans la société. On sait qu'on ne peut tourner le verbe *actif* en *passif*, qu'en prenant le *complément-direct* du verbe actif pour en faire le *sujet* du verbe passif; or, on ne dit pas : Montrer *un enfant;* Enseigner *un enfant;* Mais on dit : Montrer / Enseigner } *quelque chose* A un enfant. Il suit de là qu'on ne doit pas dire : Un enfant *bien montré*, *mal enseigné*, puisqu'on prendrait le complément-INDIRECT du verbe pour en faire le *sujet.*)	209. Cet enfant *a reçu de bons ou de mauvais principes, a eu d'excellents maîtres*, etc. etc.
210. Cette lettre *a été répondue.* Savez-vous ce qui *a été délibéré ?* (On ne dit pas : Répondre *quelque chose*, délibérer *quelque chose ;* On dit : Répondre A *une lettre*, délibérer SUR *quelque chose.* On sait qu'un verbe *neutre* ou *sans complément-direct* ne peut se tourner en passif; on ne doit donc pas dire : Une lettre *répondue*, cette lettre *a été répondue ;* — Une affaire *délibérée*, ce qui *a été délibéré.*)	210. *On a répondu* à cette lettre. Savez-vous ce sur quoi l'on a délibéré ? (*Savez-vous sur quoi* l'on a délibéré serait une faute.)
211. *Pardonnons* aux autres, si nous voulons *être pardonnés.* (On dit bien : « Pardonner A quelqu'un, » mais on ne dit pas : « Pardonner *quelqu'un.* » Or, puisque *pardonner* n'est pas, dans ce sens, un verbe *actif*, c'est une faute de le tourner en *passif.*)	211. Pardonnons aux autres, si nous voulons qu'ils *nous* pardonnent. (*Nous* est pour *à nous.*) (On dit très bien : Pardonner QUELQUE CHOSE *à quelqu'un.*)
212. Le cardinal du Perron préférait *une page* de Quinte-Curce à *trente* de Tacite.	212. Le cardinal du Perron préférait une page de Quinte-Curce à trente *pages* de Tacite : On dirait bien : Le cardinal du Perron préférait *deux pages* de Quinte-Curce à *trente* de Tacite.
213. { De tous les fruits, la poire est *celui* que j'aime le mieux. / De toutes les fleurs, la rose est *celle* qui me plaît le plus. (*Celui*, *celle* ne peuvent bien représenter que des noms employés au singulier.)	213. Préférez : { De tous les fruits, *c'est* la poire que j'aime le mieux. / De toutes les fleurs, *c'est* la rose qui me plaît le plus.
Ne dites pas d'un poème : 214. { Celui *composé* par Homère : / D'une coutume : / Celle *établie* par, etc. (*Celui*, *celle*, *ceux*, etc. ne peuvent être immédiatement suivis d'un adjectif au participe-passé.)	214. { Celui *qu'Homère a* composé. / Celle *qui a été* établie par, etc.

Mauvaises locutions.	Bonnes locutions.
215. Vous ne le voulez pas, je *ne* le veux *pas* AUSSI. (*Aussi* ne s'emploie que dans les phrases affirmatives, non-négatives; exemples : Vous le voulez, je le veux *aussi*. Le second des vers suivants est incorrect : . . . . Quiconque ne voit guère, *N*'a guère à dire AUSSI. (LES DEUX PIGEONS.) Il fallait : *non plus*.	215. Vous ne le voulez pas, je ne le veux pas *non plus*. Au lieu de : J'irai chez vous, *soit* aujourd'hui *ou* demain. Dites : J'irai chez vous, aujourd'hui ou demain ; ou bien : J'irai chez vous, *soit* aujourd'hui, *soit* demain.
216. Cette femme n'est pas SI instruite qu'elle le paraît.	216. Cette femme n'est pas *aussi* instruite qu'elle le paraît. On dirait également : Il *n'est pas* AUSSI grand que vous.
217. Rien ne pèse TANT qu'un secret. (LA FONTAINE.) (REMARQUE. Quoiqu'en disent certains grammairiens, il ne faut employer SI ou TANT que lorsqu'on peut tourner la phrase par TELLEMENT. EXEMPLES : Il n'est pas SI (*tellement*) fin, qu'on ne puisse le tromper. Ce livre n'offre pas TANT (*tellement*) de fautes, qu'on ne puisse les faire disparaître aisément. *Autant que* peut séparer deux adjectifs; on dira bien : Cette histoire est simple *autant que* naturelle. Mais on ne dirait pas : Cette histoire est *autant* simple que naturelle. Il faut : AUSSI simple que naturelle. Autant s'emploie avec les participes-passés des verbes actifs. Louis XI fut *autant* haï que Louis XII fut aimé.)	217. Rien ne pèse *autant* qu'un secret. C'est à tort que Vergier a dit de La Fontaine : Il dort *tant* qu'il plaît au sommeil. (Il faut AUTANT.) Au lieu de : J'aurais bien désiré que cet auteur n'eût pas publié *si* tôt un ouvrage qui lui aurait procuré plus de gloire, s'il y avait mis la dernière main ; Dites : J'aurais bien désiré que cet auteur n'eût pas publié *aussi* tôt un ouvrage, etc. (En un mot, employez AUSSI et AUTANT, quand la comparaison ou la phrase est affirmative ou même négative.)
218. Elle n'est pas aussi belle COMME je l'avais *crue*.	218. Elle n'est pas aussi belle QUE je l'avais *cru*. (*Aussi*, *autant*, *tel*, *tellement*, appellent un QUE ; ils n'appellent jamais *comme*. On sait que LE, mis pour celà, est invariable.)
219. De vos grandes vertus *éloignés que* nous sommes, etc. (Marmontel ignorait que cette construction, reçue avec l'adjectif, est inusitée avec le participe.)	219. . . . . . . Éloignés *comme* nous *le* sommes. (On dirait : *Aveugles, ingrats que* nous sommes.)
220. Comme juge, Brutus fut juste; comme père, il fut dénaturé, *comme* l'a remarqué un auteur. (Ce troisième *comme* est *vicieux*.)	220. Comme juge, Brutus fut juste ; comme père, il fut dénaturé, *ainsi que* l'a remarqué un auteur ; ou : *suivant la remarque* d'un auteur.
221. Cette dame a l'air *spirituelle*.	221. Cette dame a l'air *spirituel*.
222. Cette poularde a l'air *fine*.	222. Cette poularde a l'air *d'être fine*.
223. Une foule de *monde* est VENUE me voir.	223. Une foule de monde est *venu* me voir.
224. La moitié *des vignes* EST GELÉE.	224. La moitié des vignes *sont gelées*. (Le *verbe* et l'*adjectif* doivent s'accorder avec *le nom qui suit le nom collectif-partitif*.)
225. Plus de résistance aurait été *dangereux*. (Plus n'a pas de *nombre*.)	225. Plus de résistance aurait été *dangereuse*. Ces vers de Voltaire et de Racine sont exacts : Tant de *témérité* serait bientôt *punie*. Jamais tant de *beauté* fut-elle *couronnée* !
226. Il a *tout plein* d'amis.	226. Il a *beaucoup* d'amis.
227. Il fallait que je m'en *allas*, que je m'*assis*, que je lui *dise* un mot. Je voudrais qu'il *finisse* son ouvrage, qu'il le *termine*.	227. Il fallait que je m'en *allasse*, que je m'*assisse*, que je lui *disse* un mot. Je voudrais qu'il *finît* son ouvrage, qu'il le *terminât*. Présent du subjonctif : que je *finisse*, que tu *finisses*, qu'il FINISSE. Imparf. du subjonctif : que je *finisse*, que tu *finisses*, qu'il FINÎT. (*Voyez* les verbes de la *seconde* conjugaison page 38.)

Mauvaises locutions.

228. Jamais fille n'a eu pour SES père et mère des attentions plus soutenues. (MARMONTEL.)
(*Ses* père et mère; — *mes* père et mère — sont des locutions qu'on peut à peine tolérer dans les actes, en faveur de la précision.)

229. Les *premier* et *second* BATAILLONS sont arrivés à Metz.

230. Il travaille, et SI il est pauvre.

231. { *Quel* ou *tel* homme / *Tel* homme } que ce soit. *Tels* qu'ils soient.
(*Tel* ne doit s'employer que lorsqu'il y a comparaison; exemples:

Il est *tel* / Elle est *telle* / Ils sont *tels* } que vous le dites. (LE pour *celà*.)

On craint de se voir *tel* qu'on est, parce qu'on n'est pas *tel* qu'on devrait être. (FLÉCHIER.)

232. Comme les fleuves se perdent dans la mer, *il en est de même des* vertus qui se perdent dans l'intérêt.

233. Il *vint* CE MATIN chez moi, mais il ne me *trouva* pas.
(Le *passé-défini* ne peut s'employer qu'en parlant d'une époque éloignée au moins d'un jour du moment où l'on parle.)

234. Tout grands que *soient* les rois, ils sont ce que nous sommes.
(*Quelque.... que* veut le mode du *subjonctif*, mais *tout que* veut le mode de l'*indicatif*.

235. Cette étoffe est d'un bon *usage*.

236. Vaindre et pardonner { *n'appartient* / *n'appartiennent* } qu'aux héros.

(Deux sujets vagues, tels que deux ou plusieurs infinitifs, ne peuvent être le SUJET d'une phrase. *Voyez* la page 122.)

Bonnes locutions.

228. Jamais fille n'a eu pour *son* père et pour *sa* mère des attentions plus soutenues.

Dites également :

Mon père et *ma* mère. *Le* père et *la* mère d'Alexis.
Il sait *la* langue grèque, *la* latine et *la* française.
La ligne *paternelle* et *la* ligne *maternelle* du défunt.
La Russie domine sur *la mer* Baltique, *sur la mer* Blanche, *sur la mer* Caspienne *et sur la mer* Noire.

Préférablement à :

Mes père et mère. *Les* père et mère d'Alexis.
Il sait *les langues* grèque, latine et française.
Les lignes paternelle et maternelle du défunt.
La Russie domine *sur les mers* Baltique, Blanche, Caspienne et Noire.

229. Le premier et le second BATAILLON sont arrivés à Metz.
(C'est-à-dire, le premier *bataillon* et le second bataillon sont arrivés à Metz.

On dirait aussi :

L'un et l'autre *hôpital* sont pleins de malades (et non pas : « L'un et l'autre HOPITAUX. ») La première phrase peut s'analyser ainsi : *Cet hôpital-ci* et *cet hôpital-là* sont, etc.) *Voy.* la page 143.

230. Il travaille, et { *cependant* / *néanmoins* } il est pauvre.

131. { *Quelque* homme / *Quelque* livre } que ce soit. *Quels* qu'ils soient.

232. Comme (ou *de même que*) les fleuves se perdent dans la mer, *de même* les vertus se perdent dans l'intérêt.

233. Il *est venu* ce matin chez moi, mais il ne m'*a* pas *trouvé*.

234. Tout grands que SONT les rois, ils sont ce que nous sommes.

Ou :

Quelque grands *que* SOIENT les rois, *ils* sont ce que nous sommes.

235. Cette étoffe est d'un bon *user* (c'est-à-dire, *s'use peu*.)

236. *Il n'appartient* qu'aux héros de vaincre et de pardonner.

Ou bien :

Vaincre et pardonner, { *c'est* / *voilà* } le vrai héroïsme.

Mauvaises locutions.

237. Il est fier *vis-à-vis* de ses supérieurs.
Il est charitable *vis-à-vis* des pauvres.
Il a des torts *vis-à-vis* de moi

(*Vis-à-vis de* ne peut s'employer qu'en parlant *d'une chose placée en face, à l'opposite;* exemple :

« Il loge *vis-à-vis de* l'église, *de* la comédie. »)

238. Il loge *près* la comédie, *près* le palais des Tuileries. (Cette faute est très commune.)

239. Écartez des terreurs dont le poids vous *afflige*. (VOLTAIRE.)

240. Ils *se sont attiré* l'estime publique et RENDUS célèbres.

241. Il *s'est* trompé lui-même et tous ceux qui l'ont cru.

242. Il s'en faut beaucoup qu'il soit aussi grand qu'elle.

Ne dites pas de l'institution des Sourds-Muets :

243. Sicard l'a tellement perfectionnée et enrichie *de tant de découvertes*, qu'il mérite d'en partager la gloire avec Charles de l'Épée, né à Versailles.

(*Perfectionner* n'a point ici de suite, et *enrichir* est suivi de : *de tant de découvertes;* dites donc : *et l'a* enrichie.

Bonnes locutions.

237. Il est fier *à l'égard* de ses supérieurs.
Il est charitable *envers* les pauvres.
Il a des torts *envers* moi, *à mon égard.*

238. Il loge près DE la comédie, près DU palais des Tuileries.

239. Écartez des terreurs dont le poids vous *accable.*

240. Ils se sont attiré l'estime publique et *se sont* rendus célèbres.

(La répétition de *se sont* est nécessaire, parce que dans : *s'attirer l'estime*, SE est mis pour *à soi*, et que dans : *se rendre célèbres*, SE est mis pour *soi*, eux.)

241. Il s'est trompé lui-même et A *trompé tous* ceux qui l'ont cru.

(Pourquoi? parce qu'on ne dit pas : il s'A trompé.)

242. Il s'en faut *de* beaucoup qu'il soit aussi grand qu'elle.

243. Sicard l'a tellement perfectionnée et l'A enrichie de tant de découvertes, qu'il mérite d'en partager la gloire avec Charles de l'Épée, né à Versailles.

On dirait très bien :

Il l'a tellement perfectionnée et enrichie, qu'il mérite de, etc.

TROISIÈME TABLEAU.

Des Barbarismes.

Mauvaises expressions.	*Bonnes expressions.*
Je doute qu'il AIE raison.	Je doute qu'il AIT raison. (Que j'*aie*, que tu *aies*, qu'il *ait*, etc.)
Aigledon.	*Édredon* (duvet d'une oie d'Islande, appelée en Danois *Eider.*)
Arguillon. Crystère. Disparution. Épicacuanha. Ormoire.	*Ardillon. Clystère. Disparition. Ipécacuanha. Armoire.*
Orthographer. Renverdir ou *raverdir.* Il a *recouvert* la santé.	*Orthographier. Reverdir.* Il a *recouvré* la santé (de *recouvrer.*) *Recouvert* vient de *recouvrir.*
Avanshier. Dorsenavant. Balier. Fil de richard, d'aréchal.	*Avant-hier. Dorénavant. Balayer.* Fil d'*archal.*
Hostie ou *pain en chanté.* Pain *à chanter.* En *errière.*	Pain *à cacheter.* En *arrière.*
Cataplame amollient. Des *linceuls* de *lit.*	*Cataplasme émollient.* Des *draps* de lit. (On ensevelit les *morts* dans des *linceuls.*)
Erres : donner, recevoir des *erres.* Un *intriguant.*	*Arrhes :* donner, recevoir des *arrhes.* Un *intrigant* (*intriguant* est un participe-présent.)
Assassin : Il s'est commis un *assassin.*	*Assassinat :* Il s'est commis un *assassinat.* (*L'assassin* est celui *qui tue.*)
Asseois toi; *asseoyez* vous; il *s'asseoit;* je m'*asseoierai;* il *s'asseoira* ou *s'assira* volontiers.	*Assieds* toi; *asseyez* vous; il *s'assied;* je m'*assiérai;* il *s'assiéra* volontiers.
Si vous ne voulez pas de celà, vous le *lairez.*	Si vous ne voulez pas de celà, vous le *laisserez.*
Je *couserai*, je *cousus ;* il fallait que je *coususse.*	Je *coudrai*, je *cousis* ; il fallait que je *cousisse.*
Un *sieau* d'eau. *Teiller* le chanvre.	Un *seau* d'eau. *Tiller* le chanvre (du mot grec : *Tillein.*)
Bona mala.	*Bon an', mal an*, une année portant l'autre, tout compensé.
Dussai-je, *puissai*-je. (Fautes bien ordinaires.)	*Dussé*-je, *puissé*-je, de que je *dusse*, que je *puisse.*
J'ai *cueillé* des fruits.	J'ai *cueilli* des fruits. (Les verbes en *ir* ont ordinairement le participe-passé en I.)
Je LEURS ai parlé. Parlez LEURS en.	Je *leur* ai parlé. Parlez *leur* en.
Je *suis consens* à tout.	Je *consens* à tout.
Je *romperai*, — il *perdera*, — nous le *suiverons*, etc. (On dit bien : Couper, céder, priver, Et : Je couperai, il cèdera, nous priverons; Mais on ne dit pas : Romper, perder, suiver.)	Je *romprai ;* il *perdra*, nous le *suivrons.* (Il n'y a que les verbes de la première conjugaison en ER qui puissent avoir un *e* muet avant RAI au futur, et avant RAIS au conditionnel-présent. « Je *tromperai* » de tromper ; — « tu le *remercieras* » de remercier ; — « ils *apprécieront* vos talents » d'apprécier ; — « ils *agréeront* mes remercîments » d'agréer ; — « ils *s'écrieraient* » de s'écrier ; — « elles se *tueront* » de se tuer ; — « elles y *remédieront* » de remédier.
Sans dessus dessous.	*Sens* dessus dessous.
Il veut, { *que je lui dis*, *qu'il me dit*, *qu'il me disait*, *qu'il m'a dit*, *qu'ils m'ont dit*, *qu'elles m'ont dit*, } vous obliger.	Il veut, { *lui dis-je*, *me dit-il*, *me disait-il*, *m'a-t-il dit*, *m'ont-ils dit*, *m'ont-elles dit*, } vous obliger.

Mauvaises expressions.	*Bonnes expressions.*
Donne moi-S-en.	Donne *m'en* ou donne moi *de celà.*
Occupe toi-S-en.	Occupe *t'en* ou occupe toi *de celà.*
Souviens toi-S-en.	Souviens *t'en* ou souviens toi *de celà.*
Menez moi-S-y, mène m'y.	Menez *y moi* ou mène moi *là.*
Tiens toi-S-y, tiens t'y.	Tiens *y toi* ou tiens toi *là.*
Pourquoi-T-est-ce qu'il n'est pas venu me voir?	Pourquoi *n'est-il* pas venu me voir?
Il va T à merveille. Où *ce* qu'il est?	Il va *à* merveille. Où est-il?
Va T-il mieux?	Va-t-il mieux?
(Le T ne doit pas être *final* ici, mais il doit être *intercalaire* (—t—).	
Va-t-en.	Va *t'en*, de *s'en aller*. (Le T n'est pas ici un *t final* ni un *t intercalaire*; il est mis pour *te*, *toi*, et il doit, dès-lors, admettre l'apostrophe avant une voyelle.)

On se trompe souvent sur le genre de divers noms, surtout des noms énoncés ci-dessous : ce sont de vrais barbarismes.

Acabit, acte, anchois, are, hectare, arrosoir, autel, bol, centime, égrugeoir, emplâtre, encensoir, espace, été (saison), *exemple* (modèle à suivre), *évangile, éventail, épisode, épithalame, chiffre, concombre, échange, équinoxe, foudre* (grand muid), *girofle, horizon, hôtel, incendie, intervalle, ivoire, légume, ongle, orchestre, ouvrage, parafe, réglisse, saule, simple* (plante), *squelette, vampire*, les *pleurs*, etc. sont du GENRE MASCULIN.

Alcove, antichambre, après-dînée, argile, armoire, artère, atmosphère, épée, ébauche, exemple d'écriture, *horloge, idole, idylle, image, mosquée, orge* (1), *sandaraque, sentinelle, thériaque*, etc. sont du GENRE FÉMININ.

Automne est du masculin et du féminin :

> . . . . Dirai-je à quels désastres
> De l'automne *orageux* nous exposent les astres? (DELILLE.)

On peut dire aussi : Une automne *orageuse ;* mais le masculin commence à prévaloir.

On dit en poésie : *Le* foudre *vengeur*, et en prose : *La* foudre *vengeresse*.

(1) Le mot *orge* était jadis du *masculin ;* voilà pourquoi on dit encore de *l'orge* MONDÉ. Hors de là, faites ce nom féminin: « De la BELLE orge. »

TABLE ALPHABÉTIQUE
DES MATIÈRES.

REMARQUE. On trouvera à la lettre M les mots terminés par D, S, T, X, Z; les mots à TH, PH, EXH, RH, Y, etc.; ceux en EN ou AN; en IN, EIN ou AIN; ceux en ACE ou ASSE, ICE ou ISSE, etc. etc. etc.
Les *locutions vicieuses*, classées à la fin de l'ouvrage, page 200, 201, etc., sont indiquées ici sous les deux lettres initiales L. V., et numérotées 1, 2, 3, 4, 5, 6, 7, etc. etc. etc.

A.

C.

Pag.

D.

E.

ERRATA.

Page.	*Ligne.*	*au lieu de :*	*Lisez.*
7.	18.	usitées par	adoptées par
7.	35.	(page 44)	(page 43.)
12.	2.	(*Voyez* le Y)	*Voyez* l'Y
33.	Remarque.	et la note 2 du chap. 1	et la note 2 du chap. 2.
35.	4. de la note 1.	les personnes	ces personnes
44.	antépénultième.	(*Voyez* la page 39.)	(*Voy.* la page 46.)
91.	14.	que nous nous fussions vengé	que nous nous fussions vengés
151.	18.	(*Voy.* la p. 135.) (*Voy.* la p. 15.)	(*Voy.* la p. 15.) (*Voy.* la p. 135.)
156.	4.	le même sort	même sort.
188.	1re. colonne, 49.	*Essence.*	*Escence.*
192.	18.	Excepté en :	Excepté :
194.	29.	précédée	précédé
20.	5.	*gouverneur*, qui, etc.	supprimez ces phrases.
62.	7.	*Sophocle*, *Démosthènes*, etc.	
205.	29.	sont ouverts	sont ouvertes
209.		Toi qui vois tout ce qui respire, soleil, puisses-tu ne rien voir de *si grand*, etc. 147	Toi qui vois tout ce qui respire, Soleil, puisses-tu ne rien voir D'*aussi grand*, (d'*aussi florissant*), que cet empire !

www.ingramcontent.com/pod-product-compliance
Lightning Source LLC
LaVergne TN
LVHW020434230826
846091LV00004B/1495
* 9 7 8 2 0 1 3 5 9 5 2 6 1 *